AF423750

Patrice Gibertie

Agrégé d'histoire, professeur de chaire supérieure en géopolitique et histoire économique.

Il a enseigné en classes préparatoires, fondé et dirigé les CPGE du Lycée Notre Dame du Grandchamp à Versailles. Il a été chargé de cours à l'Université de Bordeaux III.

"Je plains ceux qui ont l'air intelligent ; c'est une promesse qu'on ne peut tenir."   Alain

A mes anciens étudiants

Le guide critique des ECOLES DE COMMERCE

Diplômes, classements, métiers

Comment s'y retrouver par temps de brouillard ?

Table des matières

Introduction

Une école de commerce par temps clair...

Pendant longtemps la voie normale de formation pour les futurs cadres du secteur privé passait par les écoles d'ingénieurs. Les parents sont encore nombreux à préférer les prépas scientifiques aux prépas commerciales. Les emplois d'ingénieurs de production sont moins nombreux, ceux de la finance, du commerce et de la gestion se sont multipliés. Pourquoi dans ces conditions devenir ingénieur pour une carrière de DRH ? Le niveau exigé en mathématique ne diffère pas entre cpge Hec et cpge préparant aux écoles d'ingénieurs. La physique –chimie constituerait elle un plus ?

La tradition française peut expliquer pourquoi pendant longtemps l'Etat s'est désintéressé des métiers de l'encadrement. De très nombreuses écoles d'ingénieurs sont publiques et gratuites, les écoles de commerce sont privées et payantes.

Dans les années 80 la multiplication des classes préparatoires dites HEC, la montée en gamme de nombreuses écoles ont conduit à une situation assez simple. Celui qui voulait entreprendre de belles études pouvait le faire via des écoles de commerce post prépa.

Les concurrences des écoles d'ingénieurs et des écoles de commerce dites post bac ont toujours existé. La durée des études dans les écoles post bac est identique à celle des écoles post prépa mais l'intégralité du cursus se fait en école. Parmi ces écoles, l'ESSCA d'Angers, le Cesem de Reims et l'Epsci de Cergy. La concurrence a toujours existé avec Dauphine et l'Iep de Paris. J'ai de tous temps défendu la filière cpge-grandes écoles.

La hiérarchie des écoles me semblait alors d'une simplicité enfantine.

Hec dominait, puis venait l'Essec. La fusion avec l'EAP propulsa l'ESCP au sommet.

Lyon et l'EDHEC se discutaient la quatrième place.

Suivaient Audencia, Grenoble, Rouen et Reims puis Toulouse, Bordeaux. Enfin, Lille, le Ceram, l'Icn, Marseille, l'isc et Tours.

Pendant près de 30 ans j'ai décrit ce paysage, de forum en journées portes ouvertes auprès de peut-être 100 000 visiteurs.

Rien n'a sans doute profondément changé comme me le confirment 3000 anciens étudiants aujourd'hui cadres d'entreprises. Malheureusement un épais brouillard recouvre désormais la formation aux métiers de l'entreprise et l'univers des écoles de commerce.

Que s'est-il donc passé ?

L'Université développe de plus en plus des masters de qualité mais elle bute sur la difficulté à sélectionner. Qu'en sera-t-il demain ? Si les grandes écoles de commerce se transforment en « facs » de luxe, avec des professeurs exclusivement chercheurs, si elles perdent leurs liens étroits avec l'entreprise, alors elles seront directement concurrencées par les filières universitaires.

Un certain nombre d'écoles n'ont d'ailleurs rien de différents d'une université, une partie de la formation est même effectuée gratuitement par l'université, l'école se contentant de prélever des frais de scolarité pas toujours justifiés.

Une première épaisseur de brouillard concerne tout d'abord les écoles de commerce et leurs diplômes….

Bachelor, programme grande école, master, Msc, tout se complique et se mélange, les recruteurs voient arriver des Essec recrutés au niveau du bac, suivis bientôt d'EDHEC et d'ESCP. Ils apprendront qu'il s'agit en réalité de BBA …

La presse s'en mêle, multiplie les classements, invente des critères et se mélange les pinceaux entre doubles diplômes et doubles compétences. Le brouillard devient impénétrable. Nous apprenons qu'un ESC Montpellier obtient en débutant le salaire que peut espérer un Hec… dans la réalité.

Pour départager les écoles certains classements partent du nombre d'inscrits au Who'sWho, d'autres comptabilisent   les entreprises incubées pour arriver à en loger dix dans …le même bureau.

Si Wharton ou Harvard subissaient de tels classements je n'ose imaginer le rang qui serait le leur ….

La filière des grandes écoles est aujourd'hui menacée de mort par ce que j'ose appeler de l'enfumage, ce travail critique entend rétablir quelques vérités et aider les étudiants à s'y retrouver.

Chapitre 1

Derrière le brouillard, des diplômes

Ceux qui envisagent des études en école de commerce veilleront à se renseigner sur la nature des diplômes, la reconnaissance par l'Etat, le visa de l'Etat ne signifient pas obligatoirement que le master soit au rendez- vous

Délivré par l'État, le grade de master est un des quatre grades de l'enseignement supérieur reconnus à l'échelle européenne.

Le grade de master est issu de la déclaration de Bologne du 19 juin 1999, destiné à créer une architecture commune de cursus et de niveaux comparables. Il s'ajoute au baccalauréat, à la licence et au doctorat.

Les grades de l'enseignement supérieur correspondent à des paliers de formation européens. Dans ce cadre, chaque année d'étude donne lieu à des crédits (ECTS) validant des matières ou des stages. Soit la licence (bac+3, 180 crédits), le master (bac+5, 300 crédits), le doctorat (bac+8, 480 crédits).

Sur plus de 150 écoles privées de commerce et de gestion, la moitié conduit à un niveau bac + 3, l'autre moitié à un niveau bac +

4/5. Attention seule une minorité donne le grade de master, il s'agit de celles qui proposent un PROGRAMME GRANDE ECOLE.

En dehors de ce programme, vous pouvez très bien faire 4 ou 5 ans d'études et plus pour n'avoir au final, comme grade, que le baccalauréat. Précisons qu'aucune école ne délivre le grade de la licence, ce sera donc le master ou rien.

Les diplômes délivrées à bac plus trois ou quatre s'appellent souvent « bachelor » mais ce terme anglo saxon n'est pas un grade. Il n'y a pas de label des grandes écoles pour ces formations.

Les grandes écoles proposent également des diplômes à bac plus cinq ou six qui ne sont pas des grades visés par l'Etat. Certains sont reconnus par la Conférence des Grandes écoles, d'autres par personne.

Ces diplômes s'appellent Master of Science et Master spécialisés. Le **Mastère Spécialisé (MS)**, a été créé en 1983 pour des formations post bac+4 ou 5. « Il garantit la vocation professionnelle affirmée, la rigueur et la technicité des enseignements dispensés », explique la CGE sur son site. Pour être accrédités, les cursus sont évalués sur leur adéquation avec les besoins professionnels, le volume horaire et la durée de la formation, l'obligation d'effectuer une mission en entreprise et de soutenir une thèse professionnelle. Le MS correspond donc à une spécialisation que l'on effectue après avoir obtenu son diplôme de Master

Le **Mastère en science (Msc)** a été créé lui en 2002. Il « s'adresse principalement à des étudiants étrangers désireux de parfaire leur formation dans une grande école française », détaille la CGE. Il est attribué à des formations dispensées principalement en langue anglaise, sur un minimum de trois semestres, sur une durée de trois ans maximum, et doit déboucher sur la soutenance d'un mémoire de recherche.

Un artifice a vu le jour et s'est répandu dans beaucoup d'écoles, précisément celles qui grimpent dans les classements. Il s'agit de proposer à leurs étudiants du programme Grande école une partie de leur cursus sous l'appellation MSC… Cet habillage transforme l'étudiant en « double diplômé ». Skéma, Kedge multiplient les expériences.

La liste ci-dessous fait apparaitre toutes les formations non universitaires visées par l'Etat. Les institutions délivrent un diplôme dont la qualité est reconnue par l'Etat. Le visa est délivré pour une formation précise et non pour l'ensemble des formations d'un établissement. **Attention seuls certains de ces diplômes délivrent le grade de master.** Ils apparaissent en gras. Les autres sont visés par l'Etat, proposés par de grandes écoles mais ne délivrent pas de grade de master.

KEDGE Business School   CESEMED MARSEILLE   Diplôme Visé Bac + 4

KEDGE Business School   ESC MARSEILLE Diplôme Visé Bac + 5 grade Master PROGRAMME GRANDE ECOLE   01/09/2014
- KEDGE Campus Avignon   Diplôme Visé Bac + 3   DIPLOME SUPERIEUR DE GESTION ET COMMERCE (prog.Bachelor Kedge)   01/09/2014

KEDGE Campus Marseille   Diplôme Visé Bac + 3   DIPLOME SUPERIEUR DE GESTION ET COMMERCE (prog.Bachelor Kedge)   01/09/2014

ESC AMIENS   Diplôme Visé Bac + 3   DIPLOME EN MANAGEMENT INTERNATIONAL
ESTA BELFORT   Diplôme Visé Bac + 5   DIPLOME DE MANAGER EN INGENIERIE BO
ESC PAU   Diplôme Visé Bac + 3   DIPLOME   MANAGEMENT RELATIONS
ESC PAU   Diplôme Visé Bac + 5 grade Master   DIPLOME DE L'ESC DE PAU (PROG GDE ECOLE)
BORDEAUX   ECE Bordeaux-Lyon ECE BORDEAUX   Diplôme Visé Bac + 4   DIPLOME DE RESPONSABLE MARKETING, FINANCE ET COMMERCE INTERNATIONAL DE L'ECE   01/09/2011   5 ans
INSEEC Business School   INSEEC BORDEAUX   Diplôme Visé Bac + 5 grade Master   DIPLOME DE L'INSEEC BS (PROG GDE ECOLE)
KEDGE Business School   EBP-EMA BORDEAUX   Diplôme Visé Bac + 5   DIPLOME EBPI DE KEDGE BORDEAUX

KEDGE Business School   KEDGE Campus Bayonne   Diplôme Visé Bac + 3   DIPLOME SUPERIEUR DE GESTION ET COMMERCE (prog.Bachelor Kedge)

KEDGE Business School   KEDGE Campus Bordeaux   Diplôme Visé Bac + 3   DIPLOME SUPERIEUR DE GESTION ET COMMERCE (prog.Bachelor Kedge)

KEDGE Business School   KEDGE Campus Bordeaux   Diplôme Visé Bac + 5 grade Master   PROGRAMME GRANDE ECOLE

EGC SAINT-LO   Diplôme Visé Bac + 3   DIPLOME DE L'EGC DE BASSE-NORMANDIE0

EM Normandie   EMN CAEN   Diplôme Visé Bac + 3   DIPLOME D'ENSEIGNEMENT SUP EN MANAGEMENT INTERNATIONAL

EM Normandie   EMN CAEN   Diplôme Visé Bac + 5 grade Master   DIPLOME DE L'ECOLE DE MANAGEMENT DE NORMANDIE (PROG GDE ECOLE)

CLERMONT-FERRAND   ESC CLERMT-FD   Diplôme Visé Bac + 3   DIPLOME EN MANAGEMENT INTERNATIONAL

CLERMONT-FERRAND   ESC CLERMT-FD   Diplôme Visé Bac + 5 grade Master   DIPLOME DE L'ESC CLERMT-FD (PROG GDE ECOLE)

KEDGE Business School   KEDGE Campus Bastia   Diplôme Visé Bac + 3   DIPLOME SUPERIEUR DE GESTION ET COMMERCE (prog.Bachelor Kedge)

INSEAD   Diplôme Visé Bac + 5 grade Master   DIPLOME DE GESTION ET D'ADMINISTRATION DES AFFAIRES DE L'INSEAD

ESC DIJON   Diplôme Visé Bac + 3   DIPLOME D'ETUDES SUPERIEURES DE GESTION ET COMMERCE INTERNATIONAL

ESC DIJON   Diplôme Visé Bac + 5 grade Master   DIPLOME DE L'ESC DIJON (PROG GDE ECOLE)

EGC DROME ARDECHE   Diplôme Visé Bac + 3   DIPLOME DE L'EGC DROME ARDECHE

GRENOBLE   GEM (Grenoble Ecole de Management)   Diplôme Visé Bac + 3   DIPLOME DE CHARGE D'AFFAIRES INTERNATIONALES

GRENOBLE   GEM (Grenoble Ecole de Management)   Diplôme Visé Bac + 5   DIPLOME DE MANAGER D'AFFAIRES INTERNATIONALES

GEM (Grenoble Ecole de Management)   Diplôme Visé Bac + 5 grade Master DIPLOME DE L'ESC GRENOBLE (PROG GDE ECOLE)

IDRAC IDRAC GRENOBLE Diplôme Visé Bac + 3   RESPONSABLE DU MARKETING ET DU DEVELOPPEMENT COMMERCIAL 01/09/2015

INSEEC Business School   INSEEC ALPES SAVOIE   Diplôme Visé Bac + 5 grade Master   DIPLOME DE L'INSEEC BS (PROG GDE ECOLE)

IESEG LILLE   Diplôme Visé Bac + 5 grade Master   DIPLOME DE L'IESEG DE LILLE (PROG GDE ECOLE)

EGC LILLE METROPOLE   Diplôme Visé Bac + 3   DIPLOME DE L' EGC DE LILLE-METROPOLE

Groupe EDHEC   EDHEC LILLE   Diplôme Visé Bac + 5 grade Master   DIPLOME DE L'EDHEC (PROG GDE ECOLE)

Groupe EDHEC   EDHEC LILLE   Diplôme Visé Bac + 5 grade Master   DIPLOME EN ADMINISTRATION DES AFFAIRES INTERNATIONALES

Groupe EDHEC   EDHEC LILLE   Diplôme Visé Bac + 5 grade Master   DIPLOME POUR CADRES DIRIGEANTS ET ENTREPRENEURS

Groupe EDHEC   ESPEME LILLE   Diplôme Visé Bac + 4   DIPLOME DE L'ESPEME

SKEMA Business School   SKEMA LILLE   Diplôme Visé Bac + 5 grade Master DIPLOME DE SKEMA (PROG GDE ECOLE)

ESCD 3A LYON   Diplôme Visé Bac + 3   DIPLOME DE RESPONSABLE OPERATIONNEL A L'INTERNATIONAL DE L'ESCD

ESDES LYON   Diplôme Visé Bac + 5 grade Master   DIPLOME EN MANAGEMENT ET GESTION DES ENTREPRISES   LYON

ECE Bordeaux-Lyon   ECE LYON   Diplôme Visé Bac + 4   DIPLOME DE RESPONSABLE MARKETING, FINANCE ET COMMERCE INTERNATIONAL DE L'ECE

EM Lyon   EM LYON   Diplôme Visé Bac + 5   DIPLOME AMP DE L'EM LYON

EM Lyon   EM LYON   Diplôme Visé Bac + 5 grade Master   DIPLOME DE L'EM LYON (PROG GDE ECOLE)

EM Lyon   EM LYON Campus Saint-Etienne   Diplôme Visé Bac + 4   DIPLOME DU CENTRE DE MANAGEMENT COMMERCIAL ET INTERNATIONAL (CMCI)

IDRAC IDRAC LYON   Diplôme Visé Bac + 3   RESPONSABLE DU MARKETING ET DU DEVELOPPEMENT COMMERCIAL

IDRAC IDRAC LYON   Diplôme Visé Bac + 5 grade Master   DIPLOME D'ETUDES SUPERIEURES EN MARKETING, GESTION COMMERCIALE ET MANAGEMENT INTERNATIONAL

EGC MARTINIQUE   Diplôme Visé Bac + 3   DIPLOME DE L'EGC DE LA MARTINIQUE

ESC MONTPELLIER   Diplôme Visé Bac + 5 grade Master   DIPLOME DE L'ESC MONTPELLIER (PROG GDE ECOLE)

MONTPELLIER IDRAC   IDRAC MONTPELLIER   Diplôme Visé Bac + 3   RESPONSABLE DU MARKETING ET DU DEVELOPPEMENT COMMERCIAL

ICN MANAGEMENT NANCY   Diplôme Visé Bac + 3   DIPLOME SUP'EST NANCY

ICN MANAGEMENT NANCY   Diplôme Visé Bac + 5 grade Master   DIPLOME DE L'ICN (PROG GDE ECOLE)

EGC VENDEE   Diplôme Visé Bac + 3   DIPLOME DE L'EGC DE VENDEE

EGC LE MANS   Diplôme Visé Bac + 3   DIPLOME   DE   L'EGC   DU
MAINE
ESIAME CHOLET Diplôme Visé Bac + 3   DIPLOME   DE   L'ESIAME   DE
CHOLET
**ESSCA d'Angers ESSCA ANGERS   Diplôme Visé Bac + 5 grade Master
DIPLOME DE L'ESSCA D'ANGERS (PROG GDE ECOLE)**
**Groupe AUDENCIA   AUDENCIA NANTES   Diplôme Visé Bac + 5
grade Master   PROGRAMME GDE ECOLE D'AUDENCIA**
Groupe AUDENCIA   EAC NANTES   Diplôme   Visé   Bac   +   3
DIPLOME   DE   L'ECOLE   ATLANTIQUE   DE   COMMERCE   ET   DE
GESTION
NANTES   IDRAC   IDRAC NANTES   Diplôme   Visé   Bac   +   3
RESPONSABLE   DU   MARKETING   ET   DU   DEVELOPPEMENT
COMMERCIAL
**NICE   Groupe EDHEC   EDHEC NICE   Diplôme Visé Bac + 5 grade
Master DIPLOME DE L'EDHEC (PROG GDE ECOLE)**
 **NICE   Groupe EDHEC   EDHEC NICE   Diplôme Visé Bac + 5 grade
Master DIPLOME   EN   ADMINISTRATION   DES   AFFAIRES
INTERNATIONALES**
**NICE   Groupe EDHEC   EDHEC NICE   Diplôme Visé Bac + 5 grade
Master DIPLOME POUR CADRES DIRIGEANTS ET ENTREPRENEURS**
NICE   Groupe EDHEC   ESPEME NICE   Diplôme   Visé   Bac   +   4
DIPLOME DE L'ESPEME
NICE   IDRAC   IDRAC NICE   Diplôme   Visé   Bac   +   3
RESPONSABLE   DU   MARKETING   ET   DU   DEVELOPPEMENT
COMMERCIAL

**NICE   IPAG Paris-Nice   IPAG NICE   Diplôme Visé Bac + 5 grade
Master DIPLOME DE L'IPAG (PROG GDE ECOLE)**
NICE   KEDGE Business School   KEDGE Campus Toulon   Diplôme
Visé Bac + 3   DIPLOME   SUPERIEUR   DE   GESTION   ET   COMMERCE
(prog.Bachelor Kedge)
NICE   KEDGE Business School   KEDGE Campus Toulon   Diplôme
Visé Bac + 5   DIPLOME INGENIEUR D'AFFAIRES
**NICE   SKEMA Business School   SKEMA NICE   Diplôme Visé Bac + 5
grade Master   DIPLOME DE SKEMA (PROG GDE ECOLE)**
NOUVELLE CALEDONIE   EGC NOUMEA   Diplôme Visé Bac + 3
DIPLOME DE L'EGC DU PACIFIQUE SUD
ORLEANS-TOURS   ESCEM   ESCEM ORLEANS Diplôme Visé Bac + 3
DIPLOME EN DEVELOPPEMENT COMMERCIAL
ORLEANS-TOURS   ESCEM   ESCEM TOURS   Diplôme Visé Bac + 3
DIPLOME DE L'ISEME
**PARIS   EBS PARIS   Diplôme Visé Bac + 5 grade Master
DIPLOME DE L'EBS DE PARIS (PROG GDE ECOLE)**
PARIS   EMLV   Diplôme Visé Bac + 5   DIPLOME   DE
L'EMLV (PROG GDE ECOLE)

PARIS   **ESCE PARIS**   Diplôme Visé Bac + 5 grade Master
     DIPLOME DE L'ESCE DE PARIS (PROG GDE ECOLE)
PARIS   **ESCP-EUROPE**   Diplôme Visé Bac + 5 grade Master
     PROGRAMME GRANDE ECOLE (MIM) DE L'ESCP-EUROPE
PARIS   **ESCP-EUROPE**   Diplôme Visé Bac + 5 grade Master
     PROGRAMME EUROPEEN D'ENSEIGNEMENT SUPERIEUR EN MANAGEMENT (MEB)
PARIS   **ESCP-EUROPE**   Diplôme Visé Bac + 5 grade Master
     DIPLOME POUR DIRIGEANT EN ADMINISTRATION DES AFFAIRES
PARIS   **PSB Paris** Diplôme Visé Bac + 5 grade Master   **DIPLOME DE PSB (PROG GDE ECOLE)PARIS**
ISC PARIS   Diplôme Visé Bac + 5 grade Master   **DIPLOME DE L'ISC PARIS (PROG GDE ECOLE)**
PARIS   **ISG PARIS**   Diplôme Visé Bac + 5 grade Master
     DIPLOME DE L'ISG PARIS (PROG GDE ECOLE)
PARIS   **ISTEC PARIS**   Diplôme Visé Bac + 5 grade Master
     DIPLOME DE L'ISTEC (PROG GDE ECOLE)
PARIS   NOVANCIA   Diplôme Visé Bac + 3   DIPLOME D'ETUDES SUPERIEURES EN COMMERCE ET ENTREPRENEURIAT DE NOVANCIA
PARIS   **NOVANCIA**   Diplôme Visé Bac + 5 grade Master
     DIPLOME D'ETUDES SUP EN ENTRPRENEURIAT ET MANAGEMENT COMMERCIAL DE NOVANCIA
PARIS HEC   HEC PARIS   Diplôme Visé Bac + 5 grade Master
     DIPLOME EN GESTION DES ENTREPRISES POUR DIRIGEANTS DE HEC
PARIS ICD Paris Toulouse ICD PARIS   Diplôme Visé Bac + 5 grade Master **DIPLOME DE L'ICD (PROG GDE ECOLE)**
PARIS IDRAC   IDRAC PARIS   Diplôme Visé Bac + 3   RESPONSABLE DU MARKETING ET DU DEVELOPPEMENT COMMERCIAL
PARIS INSEEC Business School   INSEEC PARIS   Diplôme Visé Bac + 5 grade Master   **DIPLOME DE L'INSEEC BS (PROG GDE ECOLE)**

PARIS IPAG Paris-Nice   IPAG PARIS   Diplôme Visé Bac + 5 grade Master **DIPLOME DE L'IPAG (PROG GDE ECOLE)**
POITIERS   EGC POITOU-CHARENTE   Diplôme Visé Bac + 3   DIPLOME DE L'EGC POITOU-CHARENTES
POITIERS   ESCEM   ESCEM POITIERS   Diplôme Visé Bac + 3
POITIERS   Groupe Sup de Co La Rochelle   ESC   LA   ROCHELLE   Diplôme Visé Bac + 3   DIPLOME D'ETUDES SUP EN COMMERCE ET MANAGEMENT OPERATIONNEL DE L'ESC LA ROCHELLE
POITIERS   Groupe Sup de Co La Rochelle ESC   LA   ROCHELLE   Diplôme Visé Bac + 5 grade Master   **DIPLOME DE L'ESC LA ROCHELLE (PROG GDE ECOLE)**

POITIERS   Groupe Sup de Co La Rochelle IECG   LA   ROCHELLE   Diplôme Visé Bac + 4   DIPLOME DE L'IECG LA ROCHELLE

REIMS ESC Troyes   ESC TROYES   Diplôme Visé Bac + 5 grade Master DIPLOME DE L'ESC DE TROYES (PROG GDE ECOLE)

REIMS ESC Troyes   INBA TROYES   Diplôme   Visé   Bac   +   4   DIPLOME INBA TROYES

REIMS NEOMA Business School   NEOMA Campus REIMS   Diplôme Visé Bac + 3   DIPLOME DE FORMATION EN MANAGEMENT GENERAL DE NEOMA

REIMS NEOMA Business School   NEOMA Campus REIMS   Diplôme Visé Bac + 5 grade Master   DIPLOME DE NEOMA (PROG GDE ECOLE)

REIMS NEOMA Business School   NEOMA   Campus   Reims   CESEM   Diplôme Visé Bac + 4   DIPLOME   D'ETUDES   SUPERIEURES EUROPEENNES DE MANAGEMENT

RENNES   ESC BREST   Diplôme   Visé   Bac   +   3   DIPLOME EN MANAGEMENT INTERNATIONAL

RENNES   ESC BREST   Diplôme   Visé   Bac   +   3   DIPLOME EN DEVELOPPEMENT COMMERCIAL

RENNES   ESC BREST   Diplôme Visé Bac + 5 grade Master DIPLOME DE L'ESC BREST (PROG GDE ECOLE)

RENNES   ESC RENNES   Diplôme   Visé   Bac   +   3   DIPLOME DE GESTION ET MANAGEMENT DES ENTREPRISES

REUNION   EGC LA REUNION Diplôme   Visé   Bac   +   3   DIPLOME DE L'EGC DE LA REUNION 01/09/2015

EM Normandie   EMN LE HAVRE   Diplôme Visé Bac + 3   DIPLOME D'ENSEIGNEMENT SUP EN MANAGEMENT INTERNATIONAL

EM Normandie   EMN LE HAVRE   Diplôme Visé Bac + 5 grade Master   DIPLOME DE L'ECOLE DE MANAGEMENT DE NORMANDIE (PROG GDE ECOLE)

ROUEN NEOMA Business School   NEOMA Campus ROUEN I.F.I. Diplôme Visé Bac + 4   DIPLOME   DE   FORMATION   INTERNATIONALE   EN MANAGEMENT

ROUEN NEOMA Business School   NEOMA Campus ROUEN   Diplôme Visé Bac + 3   DIPLOME DE FORMATION EN MANAGEMENT GENERAL DE NEOMA

NEOMA Business School   NEOMA Campus ROUEN REIMS   Diplôme Visé Bac + 5 grade Master   DIPLOME DE NEOMA (PROG GDE ECOLE)

STRASBOURG   EM STRASBOURG Bac + 5 grade Master   DIPLOME DE L'EM STRASBOURG (PROG GDE ECOLE)

TOULOUSE   EGC MIDI PYRENEES   Diplôme Visé Bac + 3   DIPLOME DE L'EGC MIDI TOULOUSE

ICD Paris Toulouse   ICD BLAGNAC   Diplôme Visé Bac + 5 grade Master DIPLOME DE L'ICD (PROG GDE ECOLE)

TOULOUSE   IDRAC   IDRAC TOULOUSE Diplôme   Visé   Bac   +   3
        RESPONSABLE   DU   MARKETING   ET   DU   DEVELOPPEMENT
COMMERCIAL
TOULOUSE   Toulouse Business School   TBS   Diplôme Visé Bac + 3
        PROGRAMME BAC+3 EN MANAGEMENT DE L'ESC TOULOUSE
**Toulouse Business School   TBS   Diplôme Visé Bac + 5 grade Master
        DIPLOME DE L'ESC TOULOUSE (PROG GDE ECOLE)**
**EDC   Diplôme Visé Bac + 5 grade Master   DIPLOME DE L'ECOLE DES
DIRIGEANTS ET CREATEURS D'ENTREPRISE DE COURBEVOIE (PROG
GDE ECOLE)**
**TELECOM MANAGEMENT EVRY   Bac + 5 grade Master   DIPLOME
D'ETUDES SUPERIEURES DE GESTION**
ESSEC EPSCI CERGY   Diplôme Visé Bac + 4   DIPLOME   ESSEC-
EPSCI   01/09/2013
ESSEC CERGY   Diplôme Visé Bac + 5   DIPLOME   EN   GESTION   ET
STRATEGIES INTERNATIONALES DES MARQUES DE LUXE

ESSEC ESSEC CERGY   Diplôme Visé Bac + 5   DIPLOME   EN
GESTION ET STRATEGIES GLOBALES DES ENTREPRISES

**ESSEC CERGY   Diplôme Visé Bac + 5 grade Master   DIPLOME   DE
L'ESSEC (PROG GDE ECOLE)**
**ESSEC ESSEC CERGY   Diplôme Visé Bac + 5 grade Master   DIPLOME
STRATEGIE ET DIRIGEANTS ESSEC ET MANNHEIM 01/09/2015**
**HEC   HEC JOUY EN JOSAS   Diplôme Visé Bac + 5 grade Master
        DIPLOME DE HEC (PROG GDE ECOLE)   0**
**HEC   ISA JOUY-EN-JOSAS   Diplôme Visé Bac + 5 grade Master
        DIPLOME DE L'ISA DE JOUY EN JOSAS**

Une institution reconnue peu très bien proposer une formation
délivrant le grade de master et à coté en proposer d'autres qui ne le
délivrent pas. Tel est le cas des bachelors et assimilés apparaissant
dans la liste avec également le nom de la Grande école.

Pour des raisons budgétaires les grandes écoles ont multiplié à
côté de leur PROGRAMME GRANDE ECOLE, plusieurs
formations moins sélectives. Les étudiants sont tentés par des
programmes recrutant au niveau du bac et jouant sur la confusion
des noms. Personne n'a vu un seul étudiant du BBA Essec ne pas

se présenter comme un Essec. Pourtant il ne suit pas le programme Grande école et n'aura pas le grade de master. Les écoles ont gagné en notoriété ce que les étudiants et les recruteurs ont perdu en visibilité. **Ces programmes sont à la mode et les Bachelor in Business Administration se multiplient**. Ils sont organisés sur trois ans mais attention ils ne délivrent pas de licence.

Les grandes écoles utilisent parfois leur bachelor comme une réserve d'étudiants pour le programme grande école. Après le Bachelor il est possible de tenter le concours d'admission sur titre en deuxième année du PGE. Mais attention : l'admission n'est pas systématique. Les formations visées par le ministère de l'Éducation nationale permettent néanmoins aux diplômés de se présenter aux concours. Les masters à l'université sont cependant accessibles aux étudiants diplômés de bachelors visés par le ministère de l'Éducation nationale

Le rêve inavoué de bien des écoles est de multiplier les bachelors, ils rapportent de l'argent et ils assurent un recrutement captif évitant de dépendre des CPGE et des premiers cycles universitaires. Pour les étudiants la stratégie du bachelor présente des avantages et des inconvénients. Cette formation peut sembler assez proche des écoles post bac . Attention certaines écoles post bacs délivrent le grade de master, ce que le bachelor ne fera jamais.

Em lyon ouvre ainsi un bachelor comme une alternative aux classes préparatoires. Le pari n'est pas sans risque. Plus les effectifs de bachelors sont nombreux, plus le programme grande école est dilué et plus la notoriété du diplôme grande école en pâti. Hec ne s'y trompe pas, elle n'a pas de bachelor.

Certaines, prudentes ouvrent des bachelors mais avec une forte spécificité et une forte sélectivité. Durant 3 ans, les étudiants du Bachelor in Management (BSc) d'ESCP Europe étudieront dans trois des six campus européens de l'école. Après une première année d'études à Londres, ces étudiants poursuivront leur scolarité soit à Madrid, soit à Turin, avant de se réunir en dernière année sur le campus de Berlin, au cœur de l'Europe. Cette première promotion est constituée d'élèves de 16 nationalités différentes, dont une majorité d'allemands et d'italiens, rigoureusement sélectionnés parmi plusieurs centaines de candidats. Ce projet n'entre pas en concurrence avec les CPGE.

La marque Essec, ESCP ou Kedge ne vous garantit pas le diplôme grande école associé à l'image de marque de l'école. Le brouillard recouvre ce qui hier était transparent…

Les recruteurs pour comprendre regardent alors systématiquement le cv et sur ce cv le passage ou non par une classe prépa, à leurs yeux clef de validation de la filière d'excellence.

Un cv sur lequel figure clairement après le bac une classe préparatoire (suivie d'un programme Grande Ecole) le rassurera sur la nature de votre formation et plus encore sur votre capacité de travail

Un cursus cpge suivi d'une école « moyenne » me semble préférable à un bachelor adossé à une école prestigieuse. L'étudiant en bachelor ne bénéficiera pas de l'enseignement en cpge et rien n'indique qu'il intègrera le programme grande école après le bachelor. Ce cursus lui coûtera 20 .000 euros de plus car la Cpge est gratuite ou peu couteuse. De plus *il n'aura pas le grade de master avec le Bachelor mais seulement le baccalauréat de la fin de terminale.*

Dans le brouillard des écoles et des diplômes nous avons donc repéré une première lueur, l'intérêt de faire une classe préparatoire. Nous verrons plus loin ce qu'en pensent les recruteurs interrogés par l'IFOP.

Chapitre 2

Sortir du brouillard, comprendre APB

Passer par une prépa, un signe fort pour le recruteur

Heureusement il demeure encore des écoles fidèles à un modèle de réussite, laissant une large part aux professionnels dans la formation. Mais ces écoles ne seraient rien sans les classes préparatoires. Pendant deux ans, en prépa, les étudiants rencontrent le travail, la difficulté mais ils ne sont pas seuls. La spécificité de la CPGE réside sans doute dans l'encadrement et l'engagement des professeurs. Parmi eux plusieurs ont une expérience universitaire, sont docteurs et ils auraient pu faire carrière à l'Université, une carrière déterminée entièrement par leurs publications et leur recherche. L'enseignant chercheur en France n'est pas reconnu par ses pairs pour ses quelques heures d'enseignement par semaine mais pour ses articles dans les revues spécialisées. Le professeur de prépa au contraire doit beaucoup enseigner, et faire passer des Kholles. Sa promotion dépend de la qualité de son enseignement.

Personne n'est dupe, les prépas intégrées à l'Université ne seront plus des prépas, les professeurs de Cpge alignés sur un statut universitaire, penseront plus à leur recherche qu'aux copies.

De la même manière les écoles recrutant au niveau du bac sont profondément différentes de celles qui recrutent après une CPGE, tout simplement parce que cette formation ne passe pas par la case prépa.

Une prépa peut vous apporter le soutien d'un réseau souvent plus efficace que celui de la grande école. Depuis près de deux ans le réseau Linkedin que j'ai mis en place a permis de proposer des centaines de stages, de cdd et de CDI . Le souvenirs de vieux profs, de bons camarades, de voyages , de galères communes, cela ne s'oublie pas.

Pendant plus de trente ans j'ai eu la chance extraordinaire de travailler avec des étudiants pas tous travailleurs mais pratiquement tous attachants, avec des collègues parfois un peu excentriques mais presque tous passionnés. La prépa marque l'étudiant souvent bien plus que l'école et crée des liens indestructibles. Une aventure humaine irremplaçable souvent décriée par le pseudo modernisme.

La prépa apporte beaucoup de savoirs mais plus encore de savoir-faire. Les recruteurs ne s'y trompent pas, la prépa compte souvent autant que l'école. Le passage par cette filière apporte des garanties en matière de capacité de travail, d'efficacité, de productivité et sans doute de respect des hiérarchies et des procédures.

L'étudiant issu de cpge possède un bon niveau de culture générale, utile non seulement en mathématiques mais surtout en langues vivantes. La philosophie, l'histoire, l'économie lui permette un recul critique plus que nécessaire

Les Cpge sont bien moins sélectives que ne le rapporte la légende, 8 à 9000 étudiants se partagent 8000 places proposées chaque année par les écoles de la Conférence des Grandes Ecoles. L'important pour le bachelier est de trouver la prépa qui correspond à son niveau.

Les prépas demeurent encore aujourd'hui de grandes inconnues dans les milieux populaires et en province. Dans les années 2000 les cpge ont bénéficié d'une formidable ouverture sociale grâce aux efforts de Claude Boichot. Les catégories plus privilégiées les connaissent mieux mais paradoxalement elles sont tentées par d'autres formations pour leur progéniture. Il y eut la fascination de Sciences Po à l'époque de Richard Descoing, il y a aujourd'hui la tentation d'universités canadiennes. La perspective de travailler beaucoup fait fuir le moins courageux surtout s'ils peuvent compter sur des relations familiales de bon niveau pour intégrer l'entreprise.

Comment ne pas conseiller de savourer la filière des Cpge avant qu'elle ne soit détruite car elle souffre d'un défaut impardonnable, elle assure la réussite de ceux qui passent par là.

J'ai toujours appelé à se méfier des sirènes de la facilité. Les écoles qui recrutent après le bac ne permettront jamais aux étudiants d'accéder à un niveau de culture générale et aux habitudes de travail indissociables de la CPGE

Une prépa, soit, mais quelle prépa ?

Tout peut sembler simple, un bachelier littéraire optera pour une hypokhâgne, un scientifique pour une prépa EC S, un économiste pour une prépa ECE, un techno pour une ECT .

Les programmes sont d'ailleurs conçus dans cette optique ainsi que les coefficients. Des subtilités existent, un bachelier S ne peut s'inscrire via le système APB dans une prépa éco (ECE) publique ou privée sous contrat mais il peut aller dans une khâgne BL préparer le concours pour littéraire. Le même bachelier S peut s'inscrire hors APB dans une prépa économique privée hors contrat… Pourquoi une telle stratégie ? Elle n'apporte rien au scientifique car les épreuves de maths deviennent difficiles en éco, les chances ne sont pas supérieures pour le candidat. Le seul gagnant dans l'affaire est la classe prépa car les scientifiques sont réputés meilleurs que les écos.

« ADMISSION POST-BAC » COMMENT ?

1ère étape - L'inscription par internet

Vous vous enregistrez sur la plateforme afin de constituer votre dossier numérique

Vous saisissez l'ensemble de vos demandes de poursuite d'études : candidatures

Ajout et retrait de candidatures : Du 20 Janvier au 20 Mars 18H pour toutes vos candidatures.

Vous classez vos demandes selon votre préférence : liste ordonnée des vœux. Vous devez établir un premier classement dès la sélection des candidatures mais vous aurez ensuite la possibilité de le modifier jusqu'au 31 Mai.

Réfléchissez avant d'établir la liste. Le nombre de candidature et limité par filière. Pour ce qui nous intéresse, à savoir les CPGE commerciales :

Candidatez à la fois aux établissements que vous rêvez d'intégrer mais ajouter au moins une CPGE de secours moins prestigieuse.

Vous aurez ensuite à établir la liste de vos vœux en intégrant les CPGE et d'autres choix si tel est le cas. Attention, à partir de moment où vous placez dans la liste une formation dite non sélective ou facile à obtenir tous les vœux qui suivront tomberont aux oubliettes et ne serviront à rien. **Il faut donc par précaution**

mettre une ou des formations non sélectives dans la liste mais en fin de liste.

L'excès de prudence est dangereux car à partir du moment où vous êtes accepté dans une formation vous devrez y aller si vous n'avez pas de vœux mieux placés.

Si vous êtes accepté mais si vous avez un vœu mieux placé pour lequel vous êtes mis en liste d'attente, vous pourrez répondre « oui mais »et attendre le tour suivant ou y renoncer.

L'ordre des candidatures est essentiel, n'hésitez pas à le modifier au mois de mai.

2ème étape - Constitution des dossiers de candidature

Vous imprimez vos « fiches candidatures » à partir de votre dossier numérique, pour les formations qui demandent un dossier « papier »

Vous constituez vos dossiers « papier » en vous conformant aux listes de pièces à joindre selon la formation demandée

Vous envoyez vos dossiers individuellement en respectant les dates indiquées sur les fiches de candidature.

Attention à l'orthographe et à la lisibilité, au style. Attention aux absences non justifiées, aux bulletins trimestriels assassins

3ème étape - Résultats et réponses

Vous consultez votre dossier numérique à chaque phase d'admission par Internet et, lorsqu'une proposition vous est faite, vous y répondez à partir de votre dossier numérique. En l'absence de réponse, votre candidature ne sera pas retenue.

4ème étape - L'inscription administrative.

Une prépa ne se choisit pas en faisant confiance au hasard, la sélectivité, la culture maison diffère considérablement et n'oubliez jamais que les bons candidats font les bonnes prépas dans les classements. Il sera plus difficile d'apprécier la véritable valeur ajouté d'une cpge or seule cette valeur ajoutée compte.

Rien ne met clairement en évidence la valeur ajoutée. Surtout pas Apb, le système a beaucoup apporté au CPGE à ses début mais aujourd'hui   utilisé par l'ensemble du supérieur, il a réduit la lisibilité des CPGE. Il fut une époque ou Apb permettait aux établissements de présenter clairement leurs projets éducatifs, d'organiser des rencontres. Aujourd'hui il vous faudra aller sur les sites des établissements et aux journées portes ouvertes pour tenter de comprendre ce qui les distingue les uns des autres.

Les classements des CPGE constituent pour la presse une source de revenus, ils ne valorisent jamais les plus méritants et conduisent à des stratégies de contournement des règles communes. La chasse aux cubes   permet à certains établissements de constituer des classes à majorité de cubes ou de bacheliers S   et mieux à les présenter aux concours sous une appellation spécifique. Cette stratégie légale dans le privé hors contrat   a fait les bons résultats d'IPESUP, Intégrale et même en son temps de Saint Jean de Douai pourtant sous contrat.

Bien entendu ces établissements ont aussi des qualités qui expliquent les résultats et en particulier une liberté en termes d'horaires et d'enseignement.

Pour les établissements publics ou privés sous contrat les règles de fonctionnement sont très proches mais chaque établissement peut se distinguer par des suppléments : encadrement, internat, internat externés, études du soir, organisation de Kholles, études, travail encadré, conférences…

Accordez aux aspects matériels une place importante, à plus de 45 minutes de transport aux heures de pointe le choix d'un hébergement sur place s'impose.

Les données sigem permettent un classement mais il est nécessaire de regrouper les effectifs d'une même institution.

A partir des indications de l'Etudiant vous cumulerez :

IPESUP et prépacom

Intégrale et Initiale

Commercia et JA formation

A vous à partir de là d'établir un classement purement quantitatif qui ne remplacera jamais un contact avec des anciens étudiants. Attention à tenir compte du niveau d'exigence de la prépa, de la réalité de votre dossier et de la sélectivité de l'école de vos rêves.

Il n'existe malheureusement pas de classement disponible pour les ECT et pour les littéraires. Les effectifs concernés sont plus modestes mais progressent. Pour obtenir une école identique la réalité du concours traduit des inégalités. Pour un bachelier ayant la mention bien le concours sera plus facile pour un ECS et pour un ECT, plus difficile pour un ECE et pour un littéraire.

Les concours post prépas pour quelles écoles ?

 Les concours écrits   se structurent autours d'épreuves communes et d'épreuves spécifiques. Ainsi pour les concours gérés par la Banque Commune d'Epreuves de la CCIP les écoles organisent leur recrutement en choisissant dans la banque **quatre épreuves communes.** La banque propose des épreuves de difficultés variables déterminant la sélectivité des écoles

Une épreuve de contraction synthèse :

• Contraction de texte - durée 3 h – conception HEC Paris Cette épreuve consiste en une contraction, ne dépassant pas un nombre imposé de mots, (400 mots plus ou moins 5 %), d'un texte (ou de plusieurs textes se rapportant à un même sujet).

• OU l'Étude et synthèse de textes - durée 4 h – conception ESCP Europe La synthèse comporte un nombre limité de mots (300 mots plus ou moins 10 %).

• OU Résumé de texte - durée 3 h – conception EM Strasbourg

Une épreuve de langue 1 et une épreuve de langue 2

• Épreuves de la Banque de langues ELV - conception commune EMLYON, ESCP Europe, ESSEC, HEC Paris

• OU Épreuves de la Banque de langues IENA

Une Dissertation de culture générale - durée 4 h Thème au programme de l'année 2015-2016 : « La nature » Les littéraires ne sont pas concernés.

Ou Épreuves conçues par les écoles HEC Paris, ESSEC et EDHEC, EMLYON.

Ou Épreuve conçue par ESC LA ROCHELLE

A ces trois épreuves communes les écoles rajoutent des épreuves spécifiques par option.

Les ECS passent une épreuve d'histoire géographie géopolitique au moins :

L'épreuve de l'Escp pour Hec, EM LYON , Edhec ,Audencia,Gem

L'épreuve de l'Essec pour l'Essec

S'y ajoutent une à deux épreuves de maths selon le même principe. Les candidats aux parisiennes passeront une épreuve commune et une épreuve spécifique.

EM Lyon propose une épreuve réputée plus accessible utilisée par d'autres écoles pour leur recrutement.

 Les ECE passent une épreuve d'économie, sociologie et histoire du monde contemporain au moins :

L'épreuve de Hec

L'épreuve de l'Escp , EM LYON , Edhec ,Audencia,Gem

L'épreuve de l'Essec pour l'Essec

S'y ajoutent une à deux épreuves de maths selon le même principe. Les candidats aux parisiennes passeront une épreuve commune et une épreuve spécifique.

EM Lyon propose une épreuve réputée plus accessible utilisée par d'autres écoles pour leur recrutement.

Les ECT passent une épreuve de mathématique conçue par l'ESCP et une épreuve   d'économie droit avec deux possibilités

ESSEC L'épreuve d'économie-droit est composée de deux parties séparées et indépendantes, chacune des deux disciplines représentant 50% de la note totale. Pour le concours 2016, le thème de la veille juridique est « La liberté d'entreprendre »

 ESC TROYES L'épreuve comporte deux sous épreuves.

Les étudiants passent également une épreuve de management et sciences de gestion. Avec deux possibilités, l'épreuve conçue par Hec et une épreuve conçue par EM Strasbourg.

Les littéraires venus de khagne

Voie B/L Lettres et sciences sociales

 1. Dissertation littéraire – Épreuve conçue par HEC Paris et/ou ESSEC - Durée : 4 heures - Programme B/L : Français : pas de programme imposé

2. Dissertation philosophique – Épreuve conçue par HEC Paris et/ou ESSEC - Durée : 4 heures - Programme B/L : Programme de philosophie du baccalauréat

3. Histoire – Épreuve conçue par ESCP Europe - Durée : 4 heures

4. Épreuve à option - Durée : 4 heures - Programme B/L(1) : Le candidat compose sur l'une des épreuves suivantes, choisie lors de l'inscription en ligne. ■ une épreuve de Sciences sociales - Épreuve conçue par HEC Paris – AUDENCIA et/ou ESSEC ou ■ une épreuve de Mathématiques - Épreuve conçue par HEC Paris et/ou ESSEC

Voie BEL (ENS Ulm A/L et ENS de Lyon)

1. Dissertation littéraire – Épreuve conçue par ESSEC - Durée : 4 heures - Programme commun 2015-2016 BEL (ENS Ulm A/L et ENS de Lyon

2. Dissertation philosophique – Épreuve conçue par HEC Paris - Durée : 4 heures - Programme commun 2015-2016 BEL (ENS Ulm A/L et ENS de Lyon) - La politique, le droit.

3. Dissertation d'histoire – Épreuve conçue par ESCP Europe - Durée : 4 heures - Programme commun 2015-2016 BEL (ENS Ulm A/L et ENS de Lyon) –.

ou* Dissertation de géographie – Épreuve conçue par ESSEC - Durée : 4 heures - Programme 2015-2016 ENS Ulm A/L

Les étudiants passent un deuxième grand concours dit ECRICOME PREPA, il est organisé sur trois jours et l'on retrouve six épreuves :

Quatre sont communes aux ECS et aux ECE

Une épreuve de LV1, une de LV2, une épreuve de contraction, une épreuve de dissertation.

Les ECS passent ensuite une épreuve de maths spécifique et une épreuve de Hgg (géopolitique)

Les ECE passent une épreuve de maths et une épreuve d'économie, sociologie, histoire.

Les ECT passent les mêmes épreuves de lv et de dissertation puis une épreuve de management, une d'économie droit et une de maths. Ils n'ont pas de résumé.

Les candidats littéraires ULM A/L, ENS Lyon et B/L ne passent aucune épreuve écrite spécifique à ECRICOME LITTERAIRES mais uniquement les épreuves du concours de la BEL ou BL-SES ; ECRICOME utilisera les notes écrites obtenues au concours des écoles normales supérieures.

Le concours Ecricome concerne Neoma , Kedge et l'ICN.

Toutes ces épreuves écrites conduisent à une admissibilité. Les choix d'épreuves et les barres d'admissibilités traduisent une inégale sélectivité des écoles à l'écrit.

1/Les écoles très sélectives utilisent des épreuves spécifiques et ont des barres d'admissibilités très élevées : HEC ESSEC ESCP.

2/Les écoles sélectives utilisent en partie des épreuves des parisiennes et en partie des épreuves spécifiques : EM LYON, EDHEC, Audencia

3/Les écoles assez sélectives font de même mais leur barre est moins élevées, on y ajoute des écoles du concours Ecricome : Grenoble, Neoma,Toulouse,

4/ Les écoles peu sélectives : Icn, Skema, Kedge, Strasbourg, Rennes…

5/Les autres écoles sélectionnent très peu.

Les admissibles passent ensuite des épreuves orales d'admission. Il s'agit le plus souvent de deux épreuves de

langues et d'un entretien de personnalité. Ce dernier peut débuter par un exposé, il peut également s'accompagner d'un questionnaire ou d'un cv.

Il vise principalement à découvrir la personnalité. Attention à ne pas se cacher derrière un masque : globe-trotters, loup aux dents longues …. Ce qui importe au jury : la capacité à donner du sens à sa vie et aux évènements qui ont marqués, d'interpréter les expériences et de les relier éventuellement entre elles, pour donner une certaine cohérence.

Le candidat doit montrer une curiosité pour la vie de l'entreprise, connaitre des exemples concrets, des secteurs. Il cherchera également à montrer sa curiosité, son d'adaptabilité. Une expérience de type job ouvrier est toujours appréciée.

Attention chaque école attend un étudiant correspondant le mieux à son projet, à sa spécificité et une étude préalable de la plaquette s'impose. Une école ne se conçoit pas sans une région, une ville, donc une connaissance du milieu local. Vous retrouverez plus loin les attentes aux entretiens école par école.

Les Cpge organisent des préparations aux entretiens. Une de mes anciennes étudiantes Axelle Raffin a de son côté mis en place un système de coaching :http://www.axentretien.fr/

EM lyon et Edhec sont les plus sélectives sur l'entretien.

La part de l'entretien est réduite dans les parisiennes par la présence d'autres épreuves. A Hec un Triptyque remplace l'entretien et l'on retrouve à l'oral toutes les matières de l'écrit. A l'Essec des tests très sélectifs apparaissent et à l'Escp on trouvera la matière académique dominante de l'option à l'oral (maths, ESH…).

http://www.ecricome.org/

http://www.concours-bce.com/presentation_concours_bce

Chapitre 3

Le brouillard des admissions sur titre

En 2015 certaines écoles cherchaient à augmenter leurs effectifs mais très vite elles butèrent sur les limites quantitatives de la filière prépa. Cette dernière ne peut pas recruter plus de 8000 étudiants chaque année et toute augmentation du nombre de places aux concours cpge des écoles les plus prestigieuses entraine un tarissement du recrutement pour les autres.

L'urgence serait d'augmenter le nombre de classes préparatoires mais ce n'est pas dans l'air politique du moment. Le prétexte en serait le coût par étudiant, habile manipulation des chiffres car en ne prenant en compte que les étudiants présents six mois après la rentrée, la filière prépa est moins onéreuse que la filière universitaire. Une heure de cours de professeur de cpge coute en effet deux fois moins à l'Etat qu'une heure d'enseignant chercheur de l'Université car les obligations de service sont différentes.

Les écoles contraintes par le nombre de préparationnaires cherchent alors d'autres formes de recrutement via des concours dit d'admission sur titre. Les candidats sont jugés sur leurs titres et diplômes, leurs expériences et leurs stages et passent un concours simplifié.

L'admission sur titre n'est pas concurrente de la filière prépa, elle n'est ni la plus simple ni la plus facile. Les concours se font à partir d'une sélection sur dossier, d'épreuves écrites, de tests de logique mathématique et verbale, d'épreuves orales. Le candidat sérieux et laborieux réussira mieux via la filière cpge classique. Le paresseux sera plus naturellement contraint à travailler en prépa.

Mais à bien y réfléchir, qu' est-ce qui distingue en fin de cursus un étudiant passé par l'Université, ses masters ou l'IAE et un étudiant issu d'admission sur titre puis d'école de commerce ? A peu près rien. La différence vient de la prépa, c'est cruel mais c'est ainsi car seule cette formation donne un niveau de culture général complet (avec l'IEP).

La cible naturelle des admissions sur titre est l'Université. Il s'agit de récupérer les meilleurs étudiants de la filière universitaire au niveau de la licence ou du master pour les intégrer en deuxième année du programme Grande Ecole.

Certains étudiants titulaires d'un master 2 investissent même dans le programme grande école et ils se lancent dans trois ans d'études supplémentaires mais ils sont moins nombreux que ne l'espéraient les écoles.

Les meilleurs étudiants des meilleures universités ne s'intéressent aux concours des grandes écoles qu'après avoir terminé un cursus complet. Le programme grande école les séduit souvent moins qu'un MSC ou un MS en école. Les masters d'école sont souvent concurrencés par ceux des Universités et même par les institutions étrangères. Nous serons le plus souvent dans des logiques de double compétence : un MS de gestion en école pour un étudiant titulaire d'un M2 en droit.

Les candidats qui se présentent avec une licence aux concours d'admission sur titre sont souvent des étudiants en réorientation. Parmi eux on peut trouver de bons candidats souhaitant tenir compte du marché du travail. On peut malheureusement trouver des stratèges du contournement facilement attirés par le miroir aux alouettes d'école offrant une multiplicité de campus à l'étranger ou mieux une collection de doubles diplômes sans doubles compétences .

Les écoles se tournent également vers la filière des étudiants étrangers mais tout dépendra alors de leur notoriété car la concurrence avec les institutions anglo-saxonne est rude. Les étudiants étrangers apportent certes de l'argent et de bons classements mais le niveau n'est pas toujours au rendez-vous surtout avec ceux qui viennent d'un très grand pays d'Asie.

Les admissions dans les Programmes Ecoles demeurent cohérent s'ils associent une formation de premier cycle académique que ce soit en CPGE (littéraires, commerciales, mais pourquoi pas dcg et même spé) ou que ce soit en premier cycle universitaire à la formation en gestion du programme.

Cette fusée à deux étages permet aux grandes écoles de faire la différence auprès des recruteurs avec les écoles post bac en cinq ans.

Contraintes dans leur recrutement en CPGE et à l'Université bien des écoles veulent recruter en admission sur titre des étudiants déjà… en école de commerce.

Nous retrouvons le grand brouillard des formations dites bachelors mises en place dans les écoles. Pour être attractives nous avons vu que ces programmes devaient proposer une poursuite d'études délivrant le grade de master. Après avoir fait une école de gestion le plus souvent en quatre ans il n'est pas cohérent d'intégrer une autre école de gestion généraliste dans laquelle l'étudiant refera en deux ans ce qu'il a fait en quatre ...

La logique voudrait qu'un étudiant de bachelor intègre le marché du travail puis quelques années après, pour se spécialiser un MBA ou un MS. C'est exactement ce qui se passe dans les pays anglo-saxons où le programme grande école n'existe pas et où les institutions les plus prestigieuses en gestion (Harvard, Wharton) ne sont présentes qu'en postgraduate. En France, une école est exclusivement en postgraduate, l'Insead

Chapitre 4

Derrière le brouillard du marketing, l'école

Que peut-on attendre d'une bonne école de commerce ?

Les écoles   réalisent des études de marché et répondent aux at tentes des clients potentiels, les futurs étudiants et de prescripteurs, les orienteurs et les journalistes. Par expérience je sais qu'un élève de terminale rêve d'une formation qui le conduira à l'international et aux métiers de l'humanitaire. Ainsi 90% de la page d'accueil de l'IESEG, école post bac qui monte dans le microcosme, sont consacrés   pour le mois de janvier 2016 à cette thématique séduisante :

« Comment les entreprises peuvent-elles atteindre les consommateurs pauvres dans les pays riches ?
D'après un entretien avec Loïc Plé et son article « Serving poor people in rich countries: the bottom-of-the-pyramid business

model solution », cosigné avec Jacques Angot (Journal of Business Strategy)
Un étudiant de l'IÉSEG réussit son défi humanitaire pour Noël

Un étudiant en 3ème année, Arthur Berthault, a monté, avec ses amis, une initiative humanitaire qui a rencontré un succès incroyable ces dernières semaines. »

Skema de son côté propose un embarquement dans ses multiples campus et veut offrir une dimension internationale.
Il m'arrive de me demander si l'on peut travailler en école. …
 Les écoles plus traditionnelles utilisent leur page d'accueil comme portail pour présenter leurs programmes et alors l'approche est infiniment moins attirante.
International et humanitaire, l'attente du candidat a bien été identifiée mais il ne faudrait pas oublier d'autres attentes implicites. Elles sont bien résumées sur le site « dimension commerce » :
http://www.dimension-commerce.com/8-bonnes-raisons-de-faire-une-ecole-de-commerce

*1. Un emploi quasi-assuré ! D'après les résultats de l'enquête 2013 menée par la Conférence des Grandes Ecoles sur l'insertion des jeunes diplômés dans la vie active, 73,3% **des managers diplômés de Grande Ecole en 2012 sont en situation d'emploi en CDI moins de 2 mois après leur sortie d'école**.*
 2. Des métiers bien rémunérés

3. Encadrement soigné… étudiants dorlotés
Un cocon – familial – troqué contre un autre !

4. Ouverture à tous les métiers de l'entreprise
Organisés autour de 2 années de tronc commun généraliste suivies d'une année de spécialisation (pour les écoles de commerce en 3 ans après prépa), les cursus proposés par les écoles de commerce offrent un large panel de possibilités de carrière aux étudiants.
Certes spécialisés en gestion, en communication, en ressources humaines, en logistique, etc., ils sont aussi reconnus pour leur polyvalence.
Faire le choix d'une école de commerce peut aussi constituer une bonne entrée en matière pour l'étudiant hésitant, souhaitant, avant de se propulser vers un métier précis, tester un maximum de domaines…

5. Connaissance rapide du monde de l'entreprise
*Les écoles de commerce sont idéales pour toucher très vite du doigt la vie active : les stages obligatoires jalonnent la vie étudiante et l'immersion en entreprise ne tarde jamais, si bien que les jeunes diplômés sortent généralement **avec un minimum de 12 mois d'expérience professionnelle !***
6. L'International à portée de mains
7. Vie associative trépidante et ambiance assurée
8. Prestige côté CV

Le site parle bien d'international mais pas exclusivement et l'humanitaire semble oublié… et si la réalité se révélait plus pragmatique ?

Les attentes des recruteurs, des cadres d'entreprises ne sont pas exactement les mêmes que celles des étudiants et il peut y avoir inadéquation entre la représentation que l'étudiant se fait de l'école idéale et la réalité de l'emploi.

Une petite enquête via mes 3000 anciens étudiants inscrits sur Linkedin m'apprend que 85% vivent et travaillent en France. La dimension internationale concerne surtout les premières années qui suivent le diplôme (1/4 des jeunes diplômés). Il serait dangereux de ne pas prendre en compte la réalité du marché national de l'emploi.

Mais pourquoi ont-ils fait une école de commerce ?

40% sont des commerciaux au sens large (marketing, ventes, fonctions commerciales)

35% travaillent dans la finance, le contrôle, le conseil

5% sont dans les services juridiques

5% dans le SI

5% dans la RH

5% dans l'entreprenariat

5% pour tout le reste, art, enseignement, armée…

Mais peut-être 1/000 dans l'humanitaire, bien moins que l'enseignement, la chanson ou le clergé catholique. Plus que les métiers de la politique.

Que l'école fasse rêver c'est bien, qu'elle prépare au marché du travail, c'est mieux

J'ai organisé un sondage auprès des diplômés et des étudiants des grandes écoles via LINKEDIN et avec l'aide de deux forums prépahec.org et ecole2commerce.

Le nombre de participants est suffisant (879) pour que les réponses soient significatives.

Il s'agissait de choisir 5 priorités parmi 15 propositions

Plus de la moitié des participants (50 à 60%) ont choisi comme priorités la qualité des relations avec le monde professionnel à savoir.

-faire intervenir des professionnels dans l'enseignement

– mettre le réseau des anciens à la disposition des étudiants de l'école

– organiser des rencontres avec les recruteurs

Ces priorités sont au cœur du modèle français : puissance du réseau, liens avec l'entreprise et les recruteurs. Elles sont rarement prises en compte dans les classements de la presse française et pourtant une bonne école reste plus que jamais une école qui place bien ses diplômés sur le marché du travail

Entre 40 et 50% des participants jugent prioritaires la qualité de l'insertion internationale de l'école

-recruter des professeurs docteurs si possible étrangers

-privilégier le partenariat avec des universités et des écoles étrangères

Ne nous y trompons pas, il ne s'agit pas d'ouvrir un campus à l'étranger mais bien de bénéficier de ce que l'étrange a de meilleur.

Entre 35 et 40% des participants s'intéressent prioritairement au contenu de la formation. C'est une bonne surprise, l'école est chère, elle doit apporter des savoirs et pas seulement des codes.

-Proposer des cursus intégralement en Anglais

-ouvrir les MSC aux étudiants du programme grande école

-privilégier des formations diplômantes type CFA DSCG AMF

-rendre obligatoire plus d'un an à l'étranger

-privilégier l'alternance

Le décrochage est net pour les propositions qui suivent, elles sont retenues par moins de 20% des participants.

On sera surpris par certains mauvais scores :

-Organiser un double cursus droit c'est retenu que par 1/6 des participants

– permettre le travail salarié des étudiants avec des cours regroupés sur une 1/2 journée par 15%

Certains scores devraient interpeler les auteurs de classements car les critères souvent privilégiés sont balayés par les pratiquants.

–organiser des cursus culturels (moins de 10%)

-donner la priorité aux outils numériques et aux moocs ne séduit que 8% des participants

De nombreuses écoles font de l'ouverture d'un campus à l'étranger le nec plus ultra de leur programme de séduction et sur le modèle des voyages organisés pour le troisième âge des cohortes de petits français partent tous ensemble faire du tourisme à l'étranger.

Je retiendrai seulement qu'envoyer ses étudiants sur le campus de l'école à l'étranger n'est retenu comme prioritaire que par 18% des participants.

Il n'est finalement pas si difficile de définir ce qu'est une bonne école de commerce mais à titre personnel j'ajouterai deux priorités supplémentaires.

La première serait de donner aux étudiants de première année une vision claire des fonctions, des secteurs et des métiers.

La deuxième serait de relancer le projet ambitieux de mixité sociale lancé par Claude Boichot il y a une dizaine d'années.

Le portrait-robot de la bonne école de commerce est assez facile à dessiner. Il s'agit d'une école ou l'es étudiants travaillent avec des professeurs de haut niveau mais également avec des professionnels compétents. Les relations avec le monde professionnel sont étroites. Le réseau d'anciens épaule les étudiants, les écoles participent aux forums, les cours préparent à des certifications professionnelles. L'international passe plus par la dispersion des étudiants dans les institutions partenaires que dans la mise en place d'un campus à l'étranger.

Ce portrait-robot plébiscite le modèle français de grande école et n'a que peu de points communs avec les critères complexes utilisés par la presse pour classer les écoles.

Le brouillard épais des critères utilisés par la presse pour classer les écoles

Dans le monde économique les rankings sont une bonne chose, à la condition de reposer sur une méthodologie claire, des critères vérifiables. Les critères de sélection ci-dessous sont tous utilisés, nous nous interrogeons sur leurs limites.

Moyenne au bac des intégrés

Note sur 20 calculée à partir de la répartition des mentions obtenues au bac par les admis en 1re année des écoles à bac ou en 1re année du cycle grande école pour les autres en 2015. Mesure le niveau moyen des élèves admis ayant choisi d'intégrer l'école.

Intérêt douteux de prendre compte les notes du bac pour des étudiants qui ont fait au moins deux ans de prépa avant

d'intégrer l'école. Il n'y a pas grand-chose de commun entre le niveau d'entrée et le niveau de sortie de la CPGE. Pourquoi ne pas prendre les résultats aux concours des intégrés ?

Implication dans la recherche d'excellence

Nombre d'articles publiés par les professeurs de l'école sur 3 ans (entre le 1er janvier 2012 et le 31 décembre 2014) dans les publications CNRS et FNEGE (Fondation nationale pour l'enseignement de la gestion des entreprises) de catégories 1, 1e, 1g, 1eg et 1. Cet indicateur mesure l'implication des écoles dans la recherche d'excellence.*

Un enseignant chercheur sera-t-il pour autant un bon pédagogue ? Ce critère traduit le tropisme de la fac de luxe … Une école qui préfère se tourner vers des professionnels compétents mais publiant peu sera mal notée

Durée du grade de master

En années, durée d'attribution du grade de master (au maximum 6 ans. Depuis 2015, la durée maximale est portée à 5 ans). Plus la durée est longue, plus l'école présente des garanties aux yeux du ministère.

On ne peut comparer que ce qui est comparable, les écoles notée en 2015 seront pénalisée par rapport à celles qui ont eu auparavant une durée de 6 ans. Pénalisée également les écoles ayant connu une fusion récente et à ce titre limitée à une durée de trois ans

Participants aux forums-entreprise

Nombre d'entreprises de plus de 1.000 salariés présents sur les forums recrutement de l'école en 2014-2015. Montre l'aptitude de l'école à mobiliser les grandes entreprises lors de ces manifestations où elles viennent se présenter aux futurs diplômés. Nous ne prenons en compte qu'une seule fois une entreprise présente sur plusieurs forums de l'école, tous campus confondus.

Etrange... Une école réussissant à établir des relations étroite avec une entreprise et amenant cette dernière à être présente plusieurs fois dans ses locaux, ne sera pas valorisée. On aurait aimé que la participation des entreprises à l'enseignement, l'existence de chaires, de parrainages soient pris en compte

Participants aux forums-entreprises (PME)

Nombre d'entreprises de moins de 1.000 salariés présentes sur les forums recrutement de l'école en 2014-2015. Montre l'aptitude des écoles à mobiliser leur réseau de PME lors de ces manifestations où elles viennent se présenter aux futurs diplômés. Nous ne prenons en compte qu'une seule fois une entreprise présente sur plusieurs forums de l'école, tous campus confondus.

Même remarques

Part des étrangers sur le campus

Pourcentage d'étudiants étrangers présents sur le(s) campus de l'école en 2014-2015, tous programmes confondus. Montre l'internationalisation sur le(s) campus français de l'école.

Le critère est il suffisant? Plusieurs scandales ont prouvé combien il était facile d'importer des étudiants chinois pour se faire de l'argent et bien progresser dans les classements

Proportion de double-diplômés

Pourcentage de diplômés 2014 ayant reçu le diplôme d'un partenaire académique.

Le critère le plus contestable si le double diplôme ne traduit pas une double compétence. Une école incapable d'assurer la formation au DSCG la sous traite à une université partenaire, l'étudiant sera un double diplômé. De l'enfumage.

Satisfaction générale

Satisfaction encadrement

Satisfaction locaux

Satisfaction réseau des anciens

Satisfaction vie associative

Satisfaction ouverture internationale

Satisfaction relations avec les entreprises

Satisfaction préparation à la vie professionnelle

Satisfaction relations entre étudiants

Satisfaction qualité des services aux étudiants

Moyenne des notes de satisfaction des promos 2011 et 2014. Les diplômés pouvaient noter le critère sur une échelle de 1 ("Pas du tout satisfait") à 5 ("Entièrement satisfait"). Sondage effectué durant l'été 2015 par l'ENSAI junior Consultant (la Junior-Entreprise de l'École nationale de la statistique et de l'analyse de l'information). Les données suivies d'une astérisque (*) proviennent de l'enquête 2013.

Les classements privilégient l'étudiant consommateur roi. Pourquoi pas mais plusieurs remarques

Dans quelles conditions l'enquête s'effectue-t-elle ? Qui fournit les coordonnées des étudiants ? L'école les contacte-t-elle ? Pourquoi ne pas avoir posé les mêmes questions aux recruteurs ?

La junior entreprise ne nous a donné aucune explication ce qui ne permet pas de vérifier.

Etudiants par professeur de gestion: effectif du PGE divisé par le nombre d'enseignants de gestion permanents selon la définition de la CEFDG, soit travaillant au minimum 4 jours par semaine en CDI et dont l'établissement est l'employeur exclusif.

Le modèle c'est l'université, pourquoi uniquement les permanents ? Une école qui fait appel à des professionnels de haut niveau venus de l'entreprise est pénalisée...

Anciens élèves figurant dans le Who's Who constaté dans l'édition 2014.

Pourquoi pas ceux qui ont une particule...

Proportion des diplômés de la promotion 2014 possédant un double diplôme avec une autre institution française.

Qu'apporte un diplôme de gestion s'ajoutant à un diplôme de gestion ? Rien. Ce critère valorise les écoles qui sous traitent une partie de la formation à l'université voisine et pénalise les écoles qui prennent en charge la formation. La prime aux plus mauvais .Pour avoir un sens ce critère devrait être réservé aux doubles diplômes traduisant une double compétence ; droit plus gestion

Salaire annuel brut moyen des débutants en France, hors primes, dans la dernière promotion (source écoles).

Salaire annuel brut moyen des débutants à l'étranger : il n'inclut pas les primes (source écoles).

Bon critère, le seul problème : la source, certaines écoles valorisent...Seule une étude de terrain serait crédible

Professeurs de gestion étrangers : proportion d'enseignants de gestion non français au sein du corps professoral permanent, selon la définition de la CEFDG.

Les écoles faisant appel à des professeurs français de qualité ou à des professionnels venus de l'entreprise sont pénalisées

Etudiants admis sur titre: pourcentage d'élèves admis sur titre dans la promotion sortante. Ils viennent d'un premier cycle universitaire ou de tout parcours qui n'est pas une classe prépa

Une école qui recrute sur CPGE serait donc une mauvaise école....

La durée du visa, celle de l'habilitation grade master

voir plus haut, on ne compare pas ce qui n'est pas comparable : la durée maximale a été réduite et pour les écoles à fusion elle est mécaniquement courte dans un premier temps. *On y retrouve le nombre de professeurs permanents par élève (7), le pourcentage de professeurs diplômés d'une école labélisée EQUIS, AACSB ou figurant dans le classement de Shanghai (5), le nombre d'inscrits aux MOOCS mis en ligne par l'école (2) ainsi que le nombre moyen d'étoiles CNRS obtenues par professeur (3).*

Le syndrome de la fac de luxe : plus une école ressemblera à une université, meilleure elle sera, plus elle fera appel à des professionnels venus de l'entreprise plus elle sera mauvaise. Le bon prof est le chercheur pas le pédagogue. . Un gadget en plus les MOOCS ou le rêve de l'école sans prof

Le nombre d'associations par élève

Intérêt ? Peu d'associations mais efficaces c'est peut être mieux...

Taille du campus par étudiant, Evolution de la taille des campus, Campus à l'étranger

Le campus à l'étranger, c'est bien mais pour en faire quoi ? Des vacances tous ensemble ? La dispersion des étudiants c'est aussi bien. Pour le reste à quand le classement sur le nombre de wc par étudiant

Innovation pédagogique : le dernier critère a été noté selon l'avis de la rédaction du « Parisien Etudiant » sur la qualité du travail des écoles dans le domaine des projets pédagogiques et des projets de développement

Sur quels critères ? La qualité de l'accueil des journalistes ? le budget pub ? Mystère… Peut-être la nécessité de mettre une bonne note aux parisiennes pour faire crédible

Le taux de diplômés issus des voies littéraires et technologiques, la part d'admis sur titre dans l'école Le taux d'étudiants de première année venus des cinq lycées fournissant le plus d'élèves au programme a été compté négativement.

Prendre des ES, des S, des prépas et recruter dans de grands lycées, voilà ce qui fait une mauvaise école

Le pourcentage d'étudiants étrangers

Le modèle : l'université de Toulon et sa filière chinoise ?

La note Valeur ajoutée est obtenue en multipliant dans un premier temps le score Diversité par le score Salaire des diplômés. À ce résultat est ajouté le score Diversité multiplié par le score Sélectivité.

PAS COMPRIS…

Pour être utiles les classements devraient :

Ne pas mélanger écoles post bac et post prépa

Fournir des méthodologies claires et vérifiables

Contrôler les renseignements fournis par les écoles

Définir clairement le concept de double diplôme

Les classements des écoles de commerce sont apparus en 1988 avec John Byrne de Business Week. L'inventeur avoue avoir engendré des monstres :

LeClair: : It sounds like it was pretty innovative and influential back in the early days. Why do you call it a monster now?

Byrne: It's a monster because everyone has decided to rank schools. There is no perfect way to really rank business schools or any schools. What you have is a lot of imperfect and flawed methodologies. Some of them are frankly journalistically mindless, where people are measuring things that have nothing to do with quality and may even have to do with political correctness. Yeah, I think I created the monster back in 1988 when I put together the first Business Week ranking of business schools. It's a monster because most of the methodologies are flawed. They're imperfect. They're even intellectually dishonest.

http://www.aacsb.edu/multimedia/videos/aacsb-explores/archives/john-byrne-pros-and-cons-of-business-school-rankings?utm_source=HighRoads%20Solutions&utm_medium=Email&utm_campaign=HighRoads%20All%20Emails

En attendant les classements jouent un rôle considérable, ils modifient la stratégie des écoles et pas toujours pour le meilleur.

Chapitre 5

Les écoles de commerce et la tentation de devenir des   facs de luxe

Pendant longtemps les écoles de commerce à la française se sont contentées de répondre aux besoins des CCI locales. Au cours des années 70/90 elles connurent une véritable révolution qui fit leur succès et leur permit d'attirer les meilleurs élèves. J'ai eu la chance de rencontrer et de travailler avec quelques-uns de ces directeurs visionnaires à l'origine de cette mutation :Aissa DERMOUCHE(Audencia), Gérard MOREL(Rouen), Georges VIALA (Bordeaux), Christian VULLIEZ (HEC).

Le modèle de réussite est aujourd'hui en crise victime de la tyrannie de classements imbéciles et de nouveaux tropismes, ceux de l'école à la fois auberge espagnole (je parle du film) et école sans prof. Certaines rêvent de devenir des clones bas de gamme de Harvard, des facs de luxe sans valeur ajoutée

__LE MODELE__ des business schools à la française, une véritable réussite

Le modèle réinventé s'est appuyé sur un premier objectif : réconcilier la formation et l'entreprise. Les anciennes ESC n'étaient que des écoles de l'entreprise, considérées avec mépris par le monde universitaire, centré lui sur la recherche. Le nouveau modèle allait habilement combiner enseignement assuré par des professionnels de haut niveau et par des professeurs permanents de qualité. L'essor de formations en alternance, l'apprentissage furent favorisés.

La cohérence du système était assurée par la complémentarité des niveaux de formation :

-Un recrutement à dominante CPGE pour assurer la formation généraliste

Un cursus en école intégrant un passage en entreprise de plus en plus long (année de césure)

– Une période à l'international

– La possibilité de compléter par la suite avec un MS ou un MBA

Le modèle se distinguait à la fois des modèles européens, très proche de notre système universitaire et du modèle américain.

Ce dernier comprend un premier niveau de formation appelé undergraduate, il dure 4 ans débouche sur le « bachelor ». Correspond-il à notre licence ? Difficile à dire, les bachelors sont très hétérogènes bien souvent médiocres et peu attractifs.

Le jeune américain a ensuite une expérience professionnelle puis candidate pour le MBA le plus prestigieux possible. Il peut également préparer un MSC (master of sciences) ou un programme «graduated » dans le cadre d'une entreprise.

La capacité des écoles de commerce française à intégrer leurs étudiants sur le marché du travail, en surprend plus d'uns avec des taux d'emplois dépassant 80% des effectifs trois mois après le diplôme

http://aphec.it-sudparis.eu/spip.php?article455

Serait-il alors facile de s'y retrouver ? Hélas non car il est de bon ton de remettre en question le modèle de réussite des écoles à la française.

Le diktat des classements et ses conséquences

Philippe Silberzahn est professeur à EMLYON Business School et chercheur associé à l'École Polytechnique, il décrit bien cette évolution :

http://www.contrepoints.org/2014/09/26/182463-ecoles-de-commerce-la-rupture-qui-les-menace

« Ces classements sont aujourd'hui essentiellement basés sur le nombre et la qualité des publications de la faculté dans les revues scientifiques. Obtenir un bon classement international étant indispensable pour attirer les meilleurs étudiants, les écoles ont dû développer leur activité de recherche et surtout de publication. La publication devient de plus en plus, y compris dans les écoles de second voire troisième rang, le critère essentiel de performance des professeurs. Or ceci ne peut se faire qu'aux dépens de la qualité d'enseignement.. Mais dès lors que le critère principal de progression de carrière devient la publication, l'enseignement nécessairement passe au second plan. »

« Paradoxalement, le besoin d'attirer les « meilleurs » étudiants (notion qui d'ailleurs reste à définir) se traduit donc, toutes choses égales par ailleurs, par une baisse relative de la qualité de l'enseignement que ces « meilleurs étudiants » reçoivent une fois admis. En outre, la majeure partie de ces publications sont des

exercices de style certes intéressantes mais rarement lues, et en particulier pas par les praticiens : seule la production compte ; c'est un peu comme si l'on payait Renault sur les voitures fabriquées, pas sur les voitures vendues, ou l'URSS réinventée. Qu'est-ce qui justifie l'existence d'une école qui ne sert ni son audience (les entreprises), ni ses élèves, mais seulement ses employés et qui ne parle qu'à ses concurrents ? »

Recrutez des professeurs étrangers, femmes, publiant beaucoup et vous serez bien classés. On peut être femme étrangère, chercheuse et bonne pédagogue mais ce dernier critère devient marginal. Pour progresser dans les classements pas d'autre solution.

Faites intervenir des professionnels compétents, vous serez massacrés.

Seules les écoles disposant de très gros moyens peuvent se payer l'élite du corps professoral mais au prix d'une flambée des coûts de scolarité…

http://pgibertie.com/2015/06/18/classement-des-ecoles-de-commerce-la-grande-cuisine/

Répondre à cette explosion budgétaire n'est pas facile.

Les étudiants s'endettent ou peuvent se trouver tentés par les masters universitaires gratuits, également classés sur des critères identiques avec des professeurs identiques

http://www.lefigaro.fr/vox/societe/2015/07/29/31003-20150729ARTFIG00310-frais-de-scolarite-en-ecoles-de-commerce-la-fabrication-d-une-nouvelle-aristocratie.php

Certaines écoles se déchargent d'une partie des coûts avec la mise en place de « doubles diplômes »qui ne sont qu'une sous-traitance effectuée par une université. C'est un jeu gagnant gagnant ; l'étudiant paie cher pour des cours effectués gratuitement par l'Université, mais ses yeux brillent à l'évocation d'un pseudo double diplôme, l'école en tire de bons classements et l'université bénéficie de l'arrivée de bons étudiants.

Bien entendu il existe aussi de vraies formules permettant une extraordinaire synergie mais elles sont peu nombreuses et sélectives, exigent beaucoup de travail et d'organisation. Les écoles les plus prestigieuses sont souvent les plus raisonnables et les plus sérieuses dans la construction de ces doubles compétences.

Il est facile de distinguer des doubles compétences utiles car complémentaires pour une école de commerce (droit, école d'ingénieur, maths, sciences humaines) ou valorisantes (un master universitaire spécialisé et prestigieux) de la simple sous traitance d'une formation assurée habituellement en école.

La réduction des coûts passe également par le syndrome TCHURUK

Serge Tchuruk hérita en conseil des ministres de la direction d'Alcatel Alsthom ; Il incarna longtemps le rêve du nouveau management celui d'une entreprise creuse sans usines et avec très peu de salariés. Aujourd'hui plus personne ne doute de la tragédie industrielle qui en suivit.

Certaines écoles donnent l'impression de se rêver sans professeur. Elles en seront d'autant mieux classées, elles réduiront les coûts et elles feront « modernes ».

Le saut dans les nouvelles technologies est un impératif que nul ne conteste, les écoles ont raison de développer à outrance les formations liées en particulier aux systèmes d'information, les Moocs contribuent au prestige. Les cours en ligne sont intéressants à la condition d'être complétés par du présentiel renforcé.

Il y a problème lorsque les écoles remettent en question leur taux d'encadrement professoral, lorsque la préparation est intégralement réalisée en e-learning.

Alors les étudiants ne comprennent plus de payer aussi cher pour une coquille vide sans complément du présentiel avec des td, sachant qu'ils trouveront gratuitement et ailleurs ;

Je cite à nouveau l'article précèdent

Poussées vers le haut, les écoles laissent donc le marché de masse à d'autres acteurs « low cost », au premier rang desquels se trouvent, et se trouveront de plus en plus, les acteurs d'enseignement à distance. Ce dernier a mis très longtemps à décoller mais les technologies Web permettent désormais de créer des expériences d'enseignement à distance d'une qualité remarquable. C'est ce que les Américains appellent massive open online courses (<u>MOOC</u>), et ce n'est pas de la science-fiction : un professeur de Stanford a récemment donné un cours d'intelligence artificielle suivi par… 160.000 personnes, la session étant réalisée en lien avec Facebook. Il a depuis décidé de quitter son enseignement traditionnel. Harvard et MIT s'y mettent aussi avec leur initiative <u>EdX</u> et la startup <u>Coursera</u> se développe rapidement »

Pour être bien classée l'école doit également se diluer dans un modèle uniforme où l'enseignement sera le même partout et multi sites au Brésil, en Chine, aux ETATS unis….

Cerises sur le gâteau, les étudiants français partent en cohortes passer six mois ou un an dans le campus étranger, ensemble pour ne pas être dépaysés.

Mais ce que l'ESCP a bien réussi avec professionnalisme, avec le temps, toutes les écoles peuvent-elles le faire sans tomber dans le bas de gamme ?

Toutes les écoles sont-elles les moyens d'envoyer tous leurs étudiants chaque année sur des campus différents et pour quelle valeur ajoutées ?

Mais cela coute cher, très cher il faut donc augmenter les effectifs et surtout démultiplier les programmes : bachelors, MSc, ms… et dans cette affaire il sera difficile de retrouver le programme GRANDE ECOLE.

3 Pour ses zélateurs l'avènement d'une université privée globale en France bute sur ce qu'ils appellent le conservatisme universitaire et celui des **CPGE**

La concurrence devenant mondiale les écoles réagissent .Pour certaines le modèle à suivre se trouve dans la grande université à l'américaine et les grenouilles doivent devenir aussi grosse que le bœuf, pour d'autres mieux vaut rester une grenouille agile.

Philippe Silberzahn écrit : « *Seules quelques écoles auront assez de ressources pour être compétitives dans ce jeu et se maintenir au plus haut. Pour les autres, le jeu est absurde. D'autant plus absurde que si tout le monde ne peut pas être Harvard, ce n'est pas grave, ça peut vraiment être très bien d'être une petite grenouille dynamique et performante dans l'univers des écoles de commerce actuelles. Il vaudrait donc beaucoup mieux réfléchir à un positionnement différencié – la base de la stratégie – en faisant jouer ses spécificités – thématiques, régionales, pédagogiques, tant qu'il en reste encore, et que ces écoles ne sont pas devenues des clones bas de gamme de Harvard.* »

Une école en France affirme haut et fort cette stratégie d'école globale, c'est SKEMA. Le rapport de l'AERES étudie la cohérence d'ensemble de ce modèle global y compris avec sa composante communication qui mérite d'être citée. Il a bien fallu investir dans le lancement de la marque

« *La coordination et la mise en œuvre sont assurées par la direction de la communication dans le cadre d'un service professionnel et dynamique, composé de la directrice et de huit collaborateurs, disposant d'un budget de 760 000 €. La presse locale et la presse nationale sont régulièrement sollicitées ; la direction rencontre régulièrement les journalistes du Financial Times pour y présenter l'actualité de l'école. L'école a une politique de communication numérique très complète. Le site Web est accessible en français et en anglais et il existe également un site en chinois. Il est complété par des sites évènementiels. L'école est présente sur 14 réseaux sociaux (y compris chinois) et a mis en place une politique de veille sur sa e-réputation »*

SKEMA utilise par ailleurs les services d'un cabinet de relations presse comme prestataire stratégique externe. Celui-ci assure les contenus presse au niveau local, relate les évènements, sollicite les journalistes. Au niveau de la presse nationale, la stratégie de communication est définie avec l'aide de cette agence. Notons enfin que les enseignants sont sollicités par le service communication pour publier des tribunes dans les journaux et mettre ainsi leurs compétences au service du traitement de sujets d'actualité. 13 Les actions de communication sont déterminées en fonction d'objectifs clairs s'adressant à des cibles identifiées (futurs élèves et élèves, familles, anciens, employeurs, décideurs politiques, leaders d'opinion…). Elles font l'objet d'une évaluation systématique, qu'elle soit quantitative (fréquentation des sites, des réseaux sociaux, des présences aux évènements, gala de l'école, cérémonie de remise des

Collectées lors des évènements…). Au total, la politique de communication de SKEMA, de grande qualité, a su affirmer l'identité de l'école et répondre, dans un domaine crucial pour l'établissement, à ses principaux enjeux actuels. »

Chacun peut vérifier la présence très offensive de l'école sur tous les forums de discussion, et cette stratégie se révèle payante sur les classements.

www.**aeres**-evaluation.fr/content/…/**AERES-S1%20- %20SKEMA**.pdf

Il ne s'agit pas installer seulement un campus à l'étranger pour offrir une alternative aux échanges universitaires, ou de construire un programme international. L'ambition est bien plus importante

Le modèle est très différent de celui des autres écoles françaises, la référence évoquée par la dynamique directrice est celui de l'université américaine de DUKE avec des projets pour le Brésil et l'Afrique

Duke c'est une université privée sélective avec 15000 étudiants et 5mds de $ de budget

Pour comprendre cette rupture portée par SKEMA il faut laisser parler le conseiller stratégique de l'école BERNARD BELLOC

« Un étudiant étranger de bon niveau regarde partout. Que voit-il en France ? Un système quasi incompréhensible avec des grandes écoles que nous sommes les seuls à dire encore que le monde entier nous les envie, alors que le système n'a nulle part été dupliqué »

« Je ne vois pas du tout ce que les chambres de commerce ont à faire dans l'enseignement supérieur de la gestion. Pour recruter un prof, a-t-on besoin de passer par une délibération à la chambre de commerce ? Quelles sont leurs compétences en matière d'enseignement supérieur et de recherche ? La France est le seul pays dans lequel les business schools ne sont pas dans les universités. Même en Chine, elles sont intégrées dans les universités. La France n'arrive pas à sortir de ses schémas historiques, c'est terrible. »

Qu'importe donc si les chambres de commerce représentent les entreprises et si le lien étroit avec ces dernières fondait l'ADN des écoles…

La base du système traditionnel, les CPGE est elle aussi contestée et il y a quelques années Jean Pierre Raman, un des fondateurs de SKEMA prophétisait la fin du modèle des prépas devant les responsables des CPGE de l'enseignement catholique. Le modèle de substitution (ESDhEM) est un premier cycle universitaire payant et sélectif préparant aux concours.

Les écoles transformées en facs de luxe auraient-elles encore besoin des Cpge pour recruter ? Pourquoi ne recruteraient elles pas uniquement sur les premiers cycles universitaires quitte même à en mettre en place de payants …

Dès à présent le recrutement en admission sur titre change la donne pour les écoles et il se révèle souvent un piège.

Les écoles les plus réputées peuvent facilement sélectionner mais les autres ? Pourquoi préférer un master grande école payant à un master universitaire réputé et gratuit ?

Alors il faut offrir ce que l'université n'offre pas ; un campus luxueux à l'étranger, une fac de luxe.

Dans cette perspective, pour ses zélateurs l'avènement d'une université privée globale en France bute sur ce qu'ils appellent le conservatisme universitaire et celui des CPGE…

Les écoles transformées en facs de luxe auraient-elles encore besoin des Cpge pour recruter ? Pourquoi ne recruteraient elles pas uniquement sur les premiers cycles universitaires quitte même à en mettre en place de payants

Il est assez curieux de retrouver sous un même habillage « moderniste » la dénonciation des prépas jugés élitistes, le souhait de voir les universités devenir plus sélectives, la mise en place d'écoles à l'américaine.

On retrouvera des libéraux souhaitant moderniser, c'est à dire américaniser notre système éducatif : l'institut Montaigne, Benoist Apparu.

On y trouvera tous ceux qui considèrent le système français trop élitiste : des politiques comme Vincent Peillon, Benoit Hamon, des sociologues comme Monique Dagnaud, le Café pédagogique et à peu près tous les journalistes s'intéressant à l'éducation.

Lors d'un débat déjà ancien Claude Boichot rétablissait un certain nombre de vérités et ouvrait des pistes d'évolution.

http://www.revueplacepublique.fr/Sommaires/Sommaires/Articles/supprimerclassesprepa.html

« Tous les coups qu'on porte au système des classes préparatoires, sans explication, sans mise en contexte, sont ressentis le plus douloureusement par les plus fragiles et ça, c'est inadmissible, parce que ceux qui portent les coups se débrouillent bien pour que leurs enfants s'insèrent dans le système. Vous voulez que je vous donne la liste des gens qui me téléphonent en me disant : « Vous êtes le pape des prépas, vous pouvez faire quelque chose pour ma fille, mon fils? »

« Le système est vivant, il évolue presque naturellement. Quand vous prenez une première année de mathématiques à l'Université, en moyenne, vous avez six enseignants qui interviennent. En classes préparatoires, vous n'avez qu'un seul intervenant. Pourquoi je dis ça ? Parce que, au fond, la culture universitaire, elle a été bâtie essentiellement sur la recherche dont le spectre est généralement étroit. En prépa, on cultive la culture généraliste, qu'elle soit mathématique, physique, philosophique, historique, etc. Pourquoi un jeune maître de conférences qui a fait une thèse en résistance des matériaux n'accepterait-il pas de traiter tout le champ de la physique généraliste comme en première ou en deuxième année de prépa ? Voilà une des pistes de rapprochement entre les deux systèmes. Pourquoi des professeurs d'université ne viennent-ils pas enseigner en classes préparatoires ? Ça mixerait les méthodes. Mais ils n'ont pas du tout envie de couvrir un champ large autre que celui de leur expertise sur lequel souvent ils ont construit leur thèse et leurs travaux. »

Faut-il jeter les Cpge et avec elles le modèle français de grandes écoles ? Faut-il au contraire partir du meilleur pour s'en inspirer.

En attendant les écoles coûtent de plus en plus cher :EMLyon: 44 713 euros. EDHEC: 44 200 euros HEC Paris: 42 450 euros ESCP Europe: 41 170 euros ESSEC: 40 706 euros EDHEC: 44 200 euros Audencia: 38 350 euros Kedge: 35 450 euros NEOMA: 33 640 euros GEM: 33 573 euros Toulouse: 31 700 euro Skema: 31 490 euros.

En attendant les classements épargnent les parisiennes mais valorisent les écoles les plus éloignées du modèle classique de l'école indépendante et les plus poches du modèle universitaires.

Chapitre 6

Classement des écoles de commerce : le brouillard est total

En chamboulant tout, en créant la surprise, il sera possible d'augmenter la consommation de champagne dans telle école et celle d'antidépresseurs dans une autre.

Les étudiants de CPGE sont relativement à l'abri des conséquences de ces perturbations, leurs professeurs ont une bonne connaissance du terrain et ils les conseillent. Les admis sur titres sont les plus exposés. J'ai pu constater la crédulité de certains en participant au forum d' « école2commerce ». La perspective d'obtenir une brassée de doubles diplômes les détourne souvent de l'essentiel.

Il me fallait comprendre et depuis deux ans j'ai étudié la méthodologie des classements. A la condition qu'elle existe, ce qui n'est pas le cas pour le Figaro 2016. Je suis effrayé par ce que j'ai trouvé. Loin de moi l'idée d'un complot ou de démarche malhonnête. Les informations données par les écoles sur leurs sites sont vérifiables et je ne les remets pas en cause. Le problème est dans l'écart existant entre les informations données par les écoles et ce qui est utilisé dans les classements.

Pourquoi ces écarts ? La presse utilise trop de critères, trop complexes pour celui qui ne maitrise pas toutes les clefs pédagogiques. A vouloir par tous les moyens « sortir » des classements les magazines n'ont sans doute pas vérifié les sources. Ils gagneraient à simplifier les critères et à faire appel à un comité scientifique.

Valorisation des points faibles …

Les écoles retenues dans les classements ont toutes un grade de master validé par l'Etat , c'est bien . Mais il existe un autre critère, l'accréditation Equis qui aurait dû être déterminant. Epas n'est pas suffisant

Je ne comprends pas pourquoi figurent dans des top dix fantaisistes des écoles qui ne sont pas accrédités Equis . Il me faut donc rappeler que les écoles accréditées sont :

Aix-Marseille Graduate School of Management - IAE

Audencia Nantes, Ecole de Management

EDHEC Business School

EMLYON Business School

ESC Rennes School of Business

ESCP Europe

ESSEC Business School

Grenoble Ecole de Management

HEC Paris

ICN Business School

IESEG School of Management Lille-Paris

INSEAD

KEDGE Business School

NEOMA Business School

SKEMA Business School

Toulouse Business School

Université Paris-Dauphine

L'accréditation Equis est sérieuse.

EQUIS assesses institutions as a whole. It assesses not just degree programmes but all the activities and sub-units of the institution, including research, e-learning units, executive education provision and community outreach. Institutions must be primarily devoted to management education.

EQUIS is not primarily focused on the MBA or any other specific programme. Its scope covers all programmes offered by an institution from the first degree up to the Ph.D.

EQUIS looks for a balance between high academic quality and the professional relevance provided by close interaction with the corporate world. A strong interface with the world of business is, therefore, as much a requirement as a strong research potential. EQUIS attaches particular importance to the creation of an effective learning environment that favours the development of students' managerial and entrepreneurial skills, and fosters their sense of global responsibility. It also looks for innovation in all respects, including programme design and pedagogy.

Institutions that are accredited by EQUIS must demonstrate not only high general quality in all dimensions of their activities, but also a high degree of internationalisation. With companies recruiting worldwide, with students choosing to get their education outside their home countries, and with schools building alliances across borders and continents, there is a rapidly growing need for them to be able to identify those institutions in other countries that deliver high quality education in international management.

Nous aimerions savoir ainsi sur quels critères une école non accréditée EQUIS comme Montpellier se voit attribuer une des meilleures notes pédagogiques de France(le Point). Il en va de même pour le rayonnement international de RENNES ?

Pour être bien classée une école doit recruter des professeurs étrangers, docteurs et femmes…

Est-ce pertinent ?

L'ieseg a fait de ce type de recrutement la clef de sa progression dans les classements avec plus de 80% de professeurs étrangers.

Malheur aux écoles qui recruteraient encore des hommes… compétents.

Le critère de la diversité du recrutement semble plus pertinent mais hélas les classements réservent de mauvaises surprises. Pour le Point recruter des littéraires et des techno favorise mais recruter des ES pénalise. Communiquer sur l'égalité des chances favorise, pratiquer des scolarités moins élevées est peu pris en compte. La PCS des parents n'est jamais intégrée dans ces classements et rarement la part de boursiers d'Etat. De ce critère de la diversité découlent celui de la valeur ajoutée

Le Parisien et le Figaro sont friands de nouvelles technologies et le nombre d'inscrits aux MOOCS discrimine.

« L'innovation pédagogique » mesure la qualité de la formation « noté selon l'avis de la rédaction du « Parisien Etudiant » sur la qualité du travail des écoles dans le domaine des projets pédagogiques et des projets de développement »

L'Etudiant multiplie les critères dans son classement, sont-ils pour autant tous pertinents ?

Nous l'avons déjà souligné, quel intérêt de prendre la moyenne au bac pour des écoles qui ne recrutent pas au niveau du bac ?

Encore faudrait-il que l'octroi des points pour ce critère soit cohérent… Grenoble , Toulouse, Skema et Neoma recrutent des étudiants qui ont entre 15 et 16 de moyenne. Les deux premières obtiennent 3 points comme HEC (17,6 de moyenne), les deux autres en ont seulement deux comme des écoles recrutant à 13 de moyenne. Pourquoi ne pas partir du nombre de points correspondant à une mention et mettre ensemble les écoles recrutant par exemple de 14 à 16 ?

L'Etudiant note les écoles sur le pourcentage des jeunes diplômés qui créent une entreprise à la sortie de l'école. Le pourcentage est faible quelle que soit l'école. Qu'importe, une école à 6% aura 3 points (Montpellier) et une école à 4%, un seul point (Lyon,Neoma).

L'Etudiant note les écoles sur le nombre de grandes entreprises participant aux forums. Bon critère, mais pourquoi un tel décalage entre les renseignements du magazine et ce que nous apprenons sur les sites des écoles ?

Les écoles indiquent sur leurs plaquettes les entreprises visiteuses et nous retrouvons partout les mêmes, sans doute pas de quoi établir un classement. La liste des partenaires est publiée plus loin.

Il y a cohérence entre ces informations pour plusieurs écoles : Audencia, Neoma, les trois parisiennes. D'autres laissent dubitatifs, **l'ESC Montpellier ou Strasbourg reçoivent selon l'Etudiant 50% d'entreprises de plus de 1000 salariés qu'Hec**… Impossible de confirmer avec les informations des sites.

C'est sans doute vrai puisque c'est imprimé mais je suis surpris. Mieux, HEC, l'ESSEC ou l'Escp reçoivent à peu près le même nombre d'entreprises que Audencia ou Neoma, à savoir 80/90 mais une barre astucieusement placée permet d'accorder aux parisiennes les fameux trois points (comme à Montpellier pour plus de 140 entreprises), contre seulement deux aux autres. Ouf le classement est sauvé du ridicule…..

Sauf que le nombre d'entreprises présentes ne correspond pas à celui annoncé sur les sites des écoles.

J'ai besoin de comprendre pourquoi la barre nécessaire pour obtenir 3 points en satisfaction générale est de 4,2 et pas de 4 ? Neoma avec 4,1 n'obtient que 2 points. Pourquoi la même barre est-elle de 4 pour la satisfaction des professeurs et pas 4,2 ? Pour sauver Hec des deux points infamants et ne pas décrédibiliser le classement ?

Le classement du Figaro me laisse dubitatif. Le journal se veut prudent, il ne communique pas sa méthodologie, il accorde surtout une énorme place à la reconnaissance. Mais comment attribuer pour ce critère 100 points à HEC , à l'Essec, à Toulouse et seulement 93 à Lyon ?

Pourquoi l'IESEG qui n'a pas la triple accréditation obtient elle 94 points ?

Pourquoi 93 points à Skema et seulement 79 à Neoma qui a la triple accréditation ? Pour cette école ce critère sera fatal dans le classement du Figaro. Sans cette aberration Neoma serait 9eme.

Pourquoi donner le même nombre de points à une école avec trois accréditations (Neoma, Rennes) et avec une seule (Strasbourg, Montpellier)

La durée pour laquelle l'accréditation est octroyée ne peut sérieusement prise en compte car elle sera plus courte pour des écoles issues de fusion que pour des institutions stables dans leur structure. Il s'agit d'une donnée mécanique pourtant déjà signalée au Figaro l'an dernier par votre serviteur et par des DRH.

Un acteur majeur intervient pour établir des classements qui détermineront l'avenir des candidats. Cet acteur est la junior entreprise de l'ENSAI. La presse lui confie la réalisation d'enquêtes auprès des écoles et surtout des diplômés. La Junior entreprise a refusé de nous donner d'informations sur sa méthodologie.

Challenges fait du nombre d'entreprises incubées un critère discriminant. Pourquoi pas mais les résultats de l'enquête interpellent …

Aujourd'hui, l'incubateur de l'EDHEC a accompagné la création de 12 nouvelles entreprises qui ont conduit à la création de 30 emplois. On compte actuellement 50 projets en cours de développement.

L'enquête de Challenges découvre …. 148 entreprises incubées, trois fois plus que la réalité.

http://www.edhec-executive.fr/qui-sommes-nous-/eye-business-incubateur/eye-l-incubateur-du-groupe-edhec-166412.kjsp

Il y aurait 20 places par an à Roubaix

En 2014 il y aurait 4 entreprises incubées à Nice

http://www.mon-incubateur.com/site_incubateur/incubateur/eye-edhec-young-entrepreneur-roubaix

Challenges trouve 104 entreprises incubées à l'EM , L'Etudiant fait mieux et en trouve.. 134 .Sur son site l'école en avoue… 24. Que penser du chiffre donné pour Skema par la presse, 55 entreprises actuellement incubées ? Combien sont-elles par bureau ?

 L'incubateur Tonic dans le Nord est modeste avec seulement dix bureaux, les entreprises n'y demeure que jusqu'à la création de leur identité juridique, ainsi 40 entreprises ont été aidées depuis la création en 1999. Celui de Sophia Antipolis a incubé depuis 2001 146 entreprises et le site donne les noms de 7 entreprises actuellement incubées.

Comment Challenges arrive-t-il à 55 ? L'explication serait-elle dans l'addition des actuelles incubées et des projets ? On pourrait comprendre ?

Dans ces conditions, Neoma qui avoue 30 entreprises actuellement incubées et 79 pré- projets, devrait obtenir le chiffre de 109. Challenges lui en octroie 46 …

CHAPITRE 7

DOUBLES DIPLOMES le grand enfumage

Tous les classements accordent une place considérable à la proportion des étudiants qui sortent avec un double diplôme

.

Les auteurs des classements n'osent pas toucher aux parisiennes . C'est en dessous que l'on peut tout chambouler et faire le buzz…

Partons de l'exemple de Challenges :

Le miracle de Kedge , celui de l'EM Strasbourg la déconvenue de l'Edhec(derrière Kedge), la déroute de Audencia , la tragédie de Neoma . Ces deux écoles passent derrière Strasbourg Montpellier et bien d'autres.

Le classement Challenges veut prendre en compte les doubles diplômes. Bonne initiative complètement détournée de l'objectif.

L'Etudiant commet la même erreur mais le critère du double diplôme est plus dilué dans son classement. Le critère permet cependant de découvrir que c'est l'EDC qui fabrique le plus de doubles diplômés… Notons que l'Etudiant oublie Hec dans son classement.

Qu'apporte sur le marché un diplôme de gestion complété d'un diplôme de gestion de même niveau ? Rien. Pourtant le classement fait de cet artifice un point positif.

Un diplôme de gestion complété d'un diplôme d'ingénieur ou de droit, c'est autre chose, cela correspond à une double compétence. La presse ne fait pas la différence.

Les classements sont donc contestables. Confondre doubles diplômes « jumeaux » et doubles diplômes avec doubles compétences est une faute.

Une école peut très bien bénéficier de ses faiblesses. Si elle soustraite à une université une formation pour laquelle elle n'est pas habilitée, ses étudiants seront titulaires d'un double diplôme. L'école sera bien classée…

Des écoles sérieuses comme Rouen, Reims aujourd'hui regroupées dans Neoma, Audencia se sont fait une réputation de sérieux en comptabilité, contrôle et audit avec la préparation au diplôme d'Etat du DSCG ou en finance avec la préparation au CFA

La méthodologie des classements transforme leur force auprès des recruteurs en faiblesse.

Skéma et Strasbourg laissent à l'université la préparation au DSCG, Neoma les forme elle-même. SKema ou EM Strasbourg seront créditée de nombreux doubles diplômés. La chute de Neoma s'explique par … ses points forts. Le Dscg, le Cfa y sont préparés en interne dans d'excellentes condition, y compris les deux unité de valeur qu'aucune école ne donne en équivalence. La direction de Neoma a bêtement déclaré les seules doubles compétences. Un scrupule qui ne pardonne pas.

Le double diplôme CCa de SKEMA (formation à LILLE2 n'apporte rien de plus que le parcours expertise DSCG des autres écoles (EDHEC, AUDENCIA, GEM, NEOMA) où la formation se fait en interne. Idem pour l'autre Double Diplôme préparant le cfa à l'université etc.

Montpellier organise systématiquement ses formations en partenariat avec l'Iae ce qui permet de délivrer des doubles diplômes qui ne sont pas de doubles compétences.

Comment réagissent les recruteurs devant ces étranges cv sur lesquels figurent deux diplômes de même niveau pour la même compétence ?

A l'exception des écoles intouchables du haut du tableau, les écoles qui font bien leur travail sont déclassées par l'ensemble de la presse à la suite d'une erreur manifeste.

Pour être bien classées les écoles devront elles fusionner avec des Universités ? Les classements ne sont pas politiquement neutres mais personne n'y prend garde. Montpellier, Skema et Strasbourg sont très proches de l'Université et s'adaptent à une logique d'intégration.

Malheureusement le brouillard des doubles diplômes ne s'arrête pas là…

Le diplôme délivré par les grandes écoles est nous l'avons vu le grade de master.

La presse ne retient, à juste titre que les grandes écoles délivrant ce grade. **Elle peut cependant se mélanger les pinceaux lorsqu'elle intègre la durée pour laquelle le grade est visé.** Cette durée est de 1 à 6 ans. Les écoles issues d'une fusion sont soumises à une période probatoire, les autres obtiennent plus facilement un visa pour 5 ou six ans Kedge et Neoma sont donc injustement pénalisées, comme le fut Skéma il y a quelques années.La plupart des écoles qui les précèdent dans le palmarès du Figaro ont vu leurs labels renouvelés au 1er septembre 2015 pour une durée de 5 ans, qui les propulsent et les avantagent de ce fait. L'ex ESG et l'école des cadres bénéficient de cet avantage décisif pour le Figaro. Ainsi Kedge, 5eme pour Challenges tombe à la 13eme place pour le Figaro

Le critère de double diplôme ne devrait prendre en compte que les vraies doubles compétences : droit, ingénieurs, culture, philosophie …. L'EDHEC qui met en place une vraie double compétence en droit ne voit pas ses efforts reconnus, c'est la même chose pour l'ICN.

Chapitre 8

Le salut peut-il venir de Sigem ou d'outre-manche ?

Le classement « Sigem » est admis comme pertinent par la plupart des acteurs. C'est d'ailleurs sans doute pour cela qu'il est peu utilisé par la presse et… qu'il n'existe pas de classement Sigem officiel.

SIGEM est un système informatisé qui permet aux candidats aux grandes écoles de management des concours BCE et Ecricome par la voie des classes préparatoires d'enregistrer leurs préférences d'intégration et de connaître leur affectation finale à l'issue des épreuves orales. C'est l'APB des grandes écoles. Chaque année il publie des informations sur les affectations et en particulier un état des désistements. Il est alors possible d'établir le classement de l'école préférée des étudiants.

Le choix de l'école est la conséquence de données rationnelles et irrationnelles. La perception des écoles en fin de prépa n'est pas celle qu'aura le même étudiant trois ou quatre ans plus tard. Il n'en demeure pas moins que les étudiants et leurs parents résistent aux effets de mode de la presse. Au cours des quinze dernières années la stabilité est au rendez-vous.

HEC- Essec- ESCP- EM- Edhec –Audencia- GEM-Neoma- TBS- Skema

La concurrence est plus rude depuis deux ou trois ans entre Audencia et Grenoble, Tbs et Neoma.

http://www.sigem.org/pdf/SIGEM-Recapitulatif_final_2015.pdf

Le classement du Financial times est construit à partir de données objectives et vérifiables. Malheureusement certaines institutions savent utiliser les failles…

Le microcosme français s'intéresse à un des multiples classements du FINANCIAL TIMES, celui du master généraliste en management

http://rankings.ft.com/businessschoolrankings/masters-in-management-2015

Permet-il pour autant de comparer les masters Grande ECOLE français ? **Pas vraiment car certains établissements apparaissent avec un master spécifique et non le diplôme grande école**. La stratégie payante consiste à faire prendre en compte une formation d'excellence, très internationalisée avec des rémunérations élevées pour les anciens. Il est ainsi possible de booster son classement.

Le bon rang de Grenoble doit sans doute au classement à partir non de son diplôme « grande école » mais du MASTER INTERNATIONAL BUSINESS, excellent mais qui n'a rien à faire là. Il s'agit d'un master spécialisé sélectif. Audencia l'a compris et elle n'est plus classée cette année sur le master qu'obtiennent un millier d'étudiants par an mais sur le double diplôme obtenue chaque année par 83 étudiants de l'école Centrale (104 en 2015)…

http://en.grenoble-em.com/master-international-business-mib
Pour Skema qui diplôme plus d'un millier d'étudiants chaque année dans son grade master le Financial times ne les prend pas tous en compte loin de là

Faut-il reprocher aux écoles de définir une stratégie de communication à l'égard du Financial times ? Les établissements étrangers l'ont compris depuis longtemps ils sont donc pris en compte pour un de leurs multiples masters, habilement choisi.

Les effectifs y sont toujours réduits : 36 pour le premier de la classe, SAINT GALLEN contre plus de 1000 pour KEDGE et NEOMA.

Voici les effectifs déclarés lors d'autres enquêtes en 2015 et ceux déclarés au FT en 2014

Grenoble	927	261
Skema	1108	482
Neoma	1314	1369
Kedge	1435	1398
Toulouse	712	694

Audencia   725   104

Celles qui ne le font pas et fournissent les données du programme Grande école le paient très cher.

Tel est le cas de Toulouse, Lyon et NEOMA.

Qu'attendent-elles pour fournir à la presse les performances d'un master spécialisé en lieu et place de leur master Grande Ecole ?

Pour les écoles françaises le Financial Times avec toutes ces imperfections est le moins farfelu de tout ce qui peut circuler dans la presse :

1HEC

2ESSEC

3ESCP

4 EDHEC

5GRENOBLE

6 SKEMA

7 AUDENCIA

8 EM LYON

9 TELECOM

10 NEOMA

Peut-on aller plus loin ? Les classements du Financial Times contiennent également des enseignements précieux. Nous avons effectué un tri sélectif

Ce travail est réalisé à partir de l'enquête du Financial Times 2015

http://rankings.ft.com/businessschoolrankings/masters-in-management-2015

Certains critères ne sont pas repris comme le pourcentage de femmes parmi les professeurs ou dans la direction. Les critères objectifs pris en compte permettent de mesurer la capacité des écoles à préparer l'entrée des diplômés sur le marché du travail :

• Les salaires annuels à la sortie (1 pt pour 1000 euros annuels)

• Les salaires annuels après trois ans (1 pt pour 1000 euros annuels)

• Le % d'emplois trois mois après le diplôme (1 pt pour 1%)

• L'évolution de la carrière mesurée par le FT

• L'efficacité des services de placement mesurée par le FT

• La capacité à intégrer un nombre important d'étudiants (1pt pour 50 diplômés)

1 I IM Ahmedabad	301
2 IIM CALCUTTA	289
3 IIM BENGALORE	277
4 Whu BEISHEIM ALL	272
5 St gallen	264
6 Essec	*257*
7 Hec	*254*
8 EBS BS	238
9 Bocconi	209
10 IE BUSINESS SCHOOL	207
11HHL LEIPZIG	207
12 Rotterdam university	206
13 Escp	*204*

Rang	Points
14MANNHEIM 116	198
15Cms 126	195
16ESADE ESPAGNE	194
17SHANGAI ANTAI	192
18 London bs	182
19EDHEC 122	**179**
19 GRENOBLE	**179**
21AUDENCIA	**176**
21 NEOMA	**176**
21 VLERICK BS	176
24EADA BARCELONE	175
24WARWICK	175
26 KOZMINSKY	163
27 SOLVAY	152
28 EM LYON	**150**
29 HEC LAUSANNE	146
29 IMPERIAL COLLEGE	139
30 IESEG	**137**
31 IAE AIX	**131**
32 TOULOUSE BS	**130**
33TELECOM BS	**128**
34 SKEMA	**122**
35 Wu Vienna	117
35LOUVAIN	117
37 MONTPELLIER BS	**116**

38 KEDGE   *114*

39 ESSCA   *113*

40 ANTVERP BS   112

Quelles différences peut-on noter avec le classement général officiel du Financial TIMES ?

-Les institutions Indiennes, chinoises et allemandes sont nettement mieux classées

-Les écoles françaises s'en sortent bien et le classement conforte les institutions les plus sérieuses avec **une situation injustifiée pour Lyon**

Le Financial Times propose un autre classement concernant non pas un programme mais l'école de commerce dans son ensemble. Le défaut principal du classement des programmes grande école disparait l'étude porte sur l'ensemble des effectifs. Le classement nous semble donc plus juste. Il intègre de plus la notoriété des Mba, importante pour l'école et pour les étudiants des autres programmes.

Même amélioré, le classement du Financial Times n'est pas totalement satisfaisant. La sagesse ne serait-elle pas de se tourner vers le terrain et les représentations que se font les recruteurs et les cadres des écoles de commerce ?

Chapitre 9

Ecoles de commerce : Le classement de ceux qui en sont sortis et qui embauchent.

Pour appréhender le classement des écoles pourquoi ne pas prendre en compte ce que pensent les cadres en entreprise

Les membres du groupe LinkedIn de l'Association Nationale des Directeurs des Ressources Humaines, des cadres d'entreprise anciens élèves des CPGE de Grandchamp, une centaine de professeurs, des étudiants en écoles ont été invités à classer les grande écoles de commerce. Sur près de 13 000 personnes sollicitées par un lien internet, 1216 ont spontanément participé à l'enquête. Un nombre suffisant pour crédibiliser le classement. Il était demandé de citer les huit meilleures écoles de France. Rien de plus.

Pas de critères compliquées, pas de motivations publicitaires, le simple regard de ceux qui recrutent et pratiquent l'entreprise.

Le top 3 : les parisiennes

1 ESCP –HEC- 96.5%

3 ESSEC 96.2%

Le terrain ne donne aucun avantage particulier à HEC, les trois écoles se tiennent dans un mouchoir de poche avec une égalité entre HEC et l'Escp.

Le top 5

4 EM LYON....91.12%

5 EDHEC........88.72%

Les deux grandes écoles de province se détachent à peine des parisiennes et les participants les citent neuf fois sur dix parmi les bonnes écoles.

Le top 8

6 AUDENCIA... 70.57%

7 GRENOBE EM. 64.8%

8 NEOMA ROUEN REIMS 46.27%

La hiérarchie des trois dernières écoles du top huit est nette pour les participants du terrain. Notons qu'ils ont cependant classé pratiquement à égalité avec Neoma, une université, proposée dans la liste.

9 Paris Dauphine 45.22%

La suite du classement est marquée par un véritable décrochage, les autres institutions sont toutes citées, parmi les huit meilleures écoles de France, par moins de 15% des participants.

10 Toulouse BS   13.8%

11 IESEG   10.5%

12 KEDGE   SKEMA 6.6%

14 TELECOM 6.5%

15 ICN 4 .12%

16 MONTPELLIER ESCE 1.95%

18 RENNES 1.65%

19 IPAG   0.55%%

Bilan aucune des stars des classements récents de la presse ne figure dans le top 10 de ce sondage.

Mais les classements ont-ils l'importance que les étudiants leur accordent ?En 2010 un sondage réalisé à la demande de la CCIP permet de mieux cerner ce qu'attendent les entreprises. Nous sommes là encore très loin des approches habituelles. http://etudiant.lefigaro.fr/orientation/actus-et-conseils/detail/article/les-recruteurs-preferent-les-diplomes-passes-par-une-prepa-690/

Une majorité d'entreprises se déclarent plutôt satisfaites des profils écoles de commerce. Elles mettent en avant la qualité de leur formation. Seuls 17% pensent qu'ils ne répondent pas tellement à leurs attentes. Les raisons sont variées : ils ne seraient pas vraiment adaptés aux besoins de l'entreprise, ils seraient trop "théoriques" pas assez "pratiques" voire ils seraient trop diplômés ou trop chers.

A la question « Pour le recrutement des cadres, faites-vous une distinction entre les différentes écoles de commerce ? », les recruteurs estiment dans leur très grande majorité, qu'il n'existe pas de différence entre les écoles de commerce, que ce soit pour des postes confirmés ou non.

Encore plus intéressant, 85% déclarent ne faire pas de distinction au niveau du salaire d'embauche (ce qui est logique par rapport à la question précédente). Cependant, les très grosses entreprises (plus de 2000 salariés) ont tendance à dire qu'elles ont des "grilles de salaire" en fonction des écoles. C'est également le cas pour les entreprises du secteur bancaire mais uniquement pour les jeunes diplômés.

« La reconnaissance d'une école par le Ministère et dans une moindre mesure le grade de Master, sont les deux seuls aspects qui semblent importants aux yeux des recruteurs. L'appartenance à la Conférence des

Grandes Écoles, comme les accréditations internationales et le concours commun ne sont que secondaires voire pas importants pour nombre de recruteurs. Avec un bémol pour les très grosses entreprises (>2000 sal.) qui, en tendance, sont plus attachées à l'appartenance à la Conférence des Grandes Écoles. »

La perception des classements

Les recruteurs considèrent plutôt que les classements ne sont pas des outils de recrutement. Ainsi seul 1 recruteur sur 10 consulte les classements établis sur les écoles de commerce. Il s'agit surtout de DRH de très grosses entreprises (>2000 sal.).

Quand une école de commerce est classée 36ème sur 40 dans Le Point, est-ce une mauvaise école ?

« Sachant qu'il existe près de 200 écoles de commerce, pour les ¾ des recruteurs faire partie des 40 écoles classées par Le Point est quand même gage de qualité. Une école classée 36ème sur 40, n'est donc pas considérée comme une mauvaise école.

En fait, le plus souvent, les indicateurs qui entrent en compte dans le recrutement sont le savoir-être et l'expérience des candidats. S'ils veulent vraiment juger de la qualité d'une école, les recruteurs vont plutôt se fier à des sources professionnelles qu'ils connaissent : les anciens élèves qui travaillent dans leur entreprise, la réputation des professeurs, le nom des entreprises qui sont partenaires de ces écoles…

Pour les recruteurs qui évoquent des classements, ceux-ci ont des grilles de rémunération en fonction des écoles. Mais le phénomène est marginal et touche des secteurs particuliers comme l'audit ou des très grosses entreprises. Ce qu'il faut retenir aussi est qu'il s'agit de classements internes et non des classements de la presse et qu'il n'y a pas de relation entre eux.

En 2012 l'Ifop a interrogé 405 DRH, 59 % des responsables de ressources humaines ou du recrutement estiment que «la formation en école de commerce et de management n'est pas adaptée à leurs besoins», Raison invoquée par les entreprises? «Les enseignements ne sont pas en phase avec nos besoins», répondent-elles à 66 %. Pour autant, les profils de jeunes diplômés d'écoles de commerce_ continuent d'intéresser les entreprises, notamment en raison de «leur aptitude à s'adapter rapidement à un poste» (51 %).

Les recruteurs se montrent de plus attentifs au parcours global du jeune diplômé. Ils déclarent ainsi à 68 % «tenir compte de la formation suivie avant l'entrée à l'école et ils privilégient le passage par … une prépa.

http://etudiant.lefigaro.fr/orientation/actus-et-conseils/detail/article/les-recruteurs-preferent-les-diplomes-passes-par-une-prepa-690/

Il est temps d'étudier les écoles à travers le prisme des métiers et de la qualité de l'insertion.

Chapitre 10

Quelles écoles pour quels métiers ?

Impossible de présenter tous les métiers mais il y a les grands classiques et d'abord la finance

Un des meilleurs guides pour les métiers de la finance est sur le forum PREPA HEC , il est signé Mahuf

http://www.prepa-hec.org/forum/les-metiers-finance-t11115.html

1) **Les gros bataillons de la finance au sens large**

Les métiers de la finance sont les points forts des valeurs sures de province (Audencia, Neoma ,Lyon ,Edhec…) à la condition d'accepter une formation « dure » et donc de travailler en école .

Veillez à la qualité de vos stages et à la qualité de votre parcours. Les électifs de finance sont toujours les plus difficiles. Une école qui organise elle-même les études du DSCG sans sous-traiter à l'Université sera un plus, de même une école habilitée pour le CFA. Un apprentissage sera un plus. Le Dscg sera utile à tous et pas seulement aux futurs experts comptables. Le passage par un cabinet (un big four) pour les métiers de l'audit est considéré comme une étape dans le processus d'initiation. Certains feront carrière dans le cabinet, beaucoup trouverons une position de repli en audit interne ou contrôle de gestion en entreprise

AUDITEUR Il est le plus souvent audit externe et membre d'un cabinet d'audit dont la raison sociale est d'examiner, la « santé » des entreprises qui le sollicitent. Seules les très grandes entreprises s'équipent d'un service d'audit interne. Il évalue leur situation globale ou celle d'un service en particulier et contrôle leurs comptes. L'audit opère en équipe et sa mission doit respecter un calendrier précis. Il travaille avec deux sources d'investigation : les personnels de direction et responsables des différents services et tous les documents comptables exposant les recettes et les dépenses. Tout cet examen a aussi pour objet de vérifier la conformité avec les normes et la législation en vigueur. L'audit rédige une synthèse résultant de ses investigations et dresse un diagnostic qu'il remet à l'entreprise cliente.

CONTROLE DE GESTION

Le contrôleur de gestion réalise des budgets prévisionnels et élabore les outils nécessaires au suivi des résultats (tableaux de bord, indicateurs).

Le contrôleur de gestion participe à la définition des objectifs d'un service ou d'un département, à partir des éléments donnés par les services commerciaux.

Il met ensuite au point un projet de plan avec les responsables opérationnels : niveau de production à atteindre, moyens financiers, humains et techniques à mettre en œuvre. Il peut aussi être amené à réaliser des études économiques et financières.

C'est lui qui élabore ses outils. Ce sont les tableaux de bord qui font apparaître l'ensemble des résultats de l'entreprise (production, activité commerciale, stocks, rentabilité des investissements...).

Ces tableaux sont réalisés à partir de programmes de collecte et de traitement des informations comptables et financières mis au point avec des ingénieur .Les diplômés du Master Contrôle de Gestion et Système d'Information universitaire sont de rudes concurrents .

Toutes ces interventions du contrôleur de gestion servent notamment à l'analyse des écarts existant entre les chiffres de prévisions et les chiffres réalisés. Il fait remonter l'information jusqu'à la direction générale et préconise des solutions pour remédier aux difficultés rencontrées.

EXPERT COMPTABLE AVEC POURSUITE D'ETUDE DECF DEC

L'expert-comptable doit obligatoirement, pour exercer la profession, être inscrit à l'ordre des experts-comptables, après avoir prêté serment. Il est soumis à une déontologie rigoureuse.
• Une mission d'opinion : la révision comptable, ou l'audit, consiste en un examen en vue d'exprimer une opinion motivée sur la régularité et la sincérité des comptes.

• Des missions comptables : l'établissement des comptes des entreprises et la consolidation des comptes annuels des groupes de sociétés doivent se conformer aux recommandations très précises du Conseil de l'ordre.

• Des missions de conseil et d'assistance : diagnostic et conseil en organisation générale, administrative et comptable, conseil et aide à la décision, conseil en matière juridique, fiscale et sociale, organisation et mise en place de systèmes informatiques spécialisés,

La grande majorité des experts-comptables sont aussi commissaires aux comptes.

La concurrence des masters universitaires cca existe mis la formation généraliste des écoles constitue un plus.

Analyste financier   avec en plus une spécialisation finance, le CFA ou plus facilement si l'on sort d'une parisienne

L'analyste financier procède à l'évaluation des sociétés sous tous leurs aspects : rentabilité, ressources humaines, restructurations à opérer...Il rencontre régulièrement les responsables de la communication financière, les directeurs financiers, directeurs généraux des sociétés du secteur qu'il étudie. Quand il intervient sur les marchés, il peut conseiller les vendeurs de la salle des marchés qui répercutent ses conseils à leurs clients afin de mieux orienter leurs ordres d'achat ou de vente.

S'il travaille dans une banque, il peut exercer un rôle de conseil aux gestionnaires de portefeuilles sur l'opportunité d'effectuer tel ou tel placement. Dans les deux cas il suit de très près les salles de marchés. Quand il travaille dans le cadre de rachats d'entreprises ou de conseil aux dirigeants en place, il effectue des études beaucoup plus approfondies.

Les analystes financiers se partagent entre des analystes « purs », environ 40 %, et des gestionnaires de portefeuilles. Un tiers des analystes exerce dans les sociétés de bourse, un autre tiers dans les banques et le dernier tiers dans divers secteurs comme les bureaux d'études indépendants. La quasi-totalité des analystes exerce en région parisienne, au sein d'un siège social.

Direction Financière après dix ou 20 ans de carrière

Le directeur financier est l'un des plus proches collaborateurs du PDG. Il assure et supervise la gestion de la trésorerie, de la dette, les analyses financières et fiscales et propose des stratégies. Les investissements se font avec son aval

2 La Finance de Marché,

Le cœur de métier des écoles d'ingénieurs, les doubles cursus à double compétence gestion ingénieur, les matheux à double cursus gestion et maths à l'Université. Les écoles parisiennes offrent ces doubles compétences, les prétendantes s' y efforcent. Ce sera possible mais avec plus de difficultés pour les valeurs sures (qualité des stages, qualifications amf, CFA nécessaires...)

La finance de marché est divisée en 3 catégories:

– le front office, qui passe les ordres sur le marché et qui communique avec les clients

– le middle office, qui agit comme support au front office pour vérifier que leurs positions sur le marché sont tenables

– le back office s'assure que les transactions effectuées sur les marchés sont bien réalisées dans les règles

Broker - Clients finaux

Broker - Produits Listés

Le Front Office des Banques

Quant

Sales Trader

Sales

Trader

Le trader est un négociateur de valeurs engagées par une banque, une société de bourse ou d'investissement. Financier, analyste économique, il anticipe les fluctuations boursières afin d'engendrer des profits.

Le métier de trader est une activité professionnelle liée aux échanges internationaux. Elle consiste à gérer du risque financier en jouant sur des écarts de cours, le plus souvent à court terme.

Back office plus accessible

Gestionnaire Middle office

3 Les métiers de la banque et la finance d'Entreprise

La finance d'entreprise peut s'exercer au sein d'une entreprise, mais plus souvent au sein d'une banque d'affaires pour les jeunes diplômés. Certaines banques ou entreprises d'assurances disposent d'un département de « private equity », qui s'occupe de la finance d'entreprise dans les sociétés non-cotées.

Chargé d'Affaires prend en charge les dimensions commerciales, financières et organisationnelles du projet .

Asset Management : Gère les actifs et placements investis sur les   différents marchés financiers français et internationaux.

Analyste Risques de Crédit

Analyste Risques de Marché

Fusion Acquisition : Conseiller des entreprises dans la réalisation de montages financiers complexes d'achat de sociétés, de vente de filiales, de fusion, d'introduction en bourse. Spécialité finance d'entreprise et 2 stages, 1 en analyse financière, analyse crédit, d'un stage de fin d'études en M&A - **La fusac appartient à la**

finance d'entreprise élitiste   tout comme le PRIVATE EQUITY en banque d'affaire .

Il est possible d'intégrer des fonctions moins élitistes par le contrôle de gestion et l'audit :

Contrôle et Conformité

Chargé de conformité

Contrôleur opérationnel bancaire

Risk Management

Analyste Risques de Contrepartie

Analyste Risques Opérationnels

Chargé d'Appels d'offres

Commercial

Gérant de portefeuille

Chargé de Comptes

Comptable OPCVM

4 Le conseil

Advisory possible avec une bonne école provinciale

Conseil en Organisation et S.I.

Consultant en S.I. la concurrence sera rude avec les informaticiens et certains bons masters universitaires : Master Gestion des Systèmes d'Information (GSI) de Dauphine, Master Contrôle de Gestion et Système d'Information

Conseil en Stratégie la chasse gardée des parisiennes

Le niveau de recrutement chez R Berger est similaire à celui des autres cabinets de conseil en stratégie dits du "premier cercle"

(McKinsey, BCG, Bain, Oliver Wyman et ATKearney). Le niveau de sélection s'arrête à l'ESCP. En dessous, le CV est normalement refusé. Il existe cependant certaines exceptions avec l'EM, mais il faut justifier pour cela d'une expérience en stage au moins dans un cabinet de conseil similaire (ce qui est donc très rare), ou dans une banque d'affaires et être recommandé. Mais cela reste des phénomènes très marginaux. Le reste du recrutement de ces cabinets se fait dans les écoles d'ingénieurs (X, Centrale, Mines, Ponts, principalement).

5) il n'y a pas que la finance, vive le marketing

Responsable marketing

Le responsable marketing est chargé d'élaborer et de proposer à sa direction les grandes lignes de la stratégie commerciale de l'entreprise. Pour cela, il recueille les informations sur les attentes des clients et sur la concurrence.

Le chef de produit est un spécialiste du lancement de nouveaux produits sur le marché. Dans la distribution, son métier est proche de celui d'acheteur. Dans l'industrie, il suit le produit de sa conception

Directeur commercial / Directrice commerciale

Le directeur commercial est responsable des activités de vente, du marketing et de la publicité. Chargé du développement, il supervise la prospection. Il rend compte de la stratégie commerciale à la direction générale ou au chef d'entreprise.

6) la rh

Assistante / Assistant de ressources humaines

L'assistant RH assure la gestion du personnel sous l'autorité d'un responsable : saisie de données, transmission de déclarations aux organismes (SS, caisses de retraite...), établissement de feuilles de paie.

responsable du personnel et de la paie,

responsable des ressources humaines,

chargée de recrutement, responsable formation

Directeur / Directrice des ressources humaines

Le directeur des ressources humaines - DRH - est responsable de la politique de recrutement, de la gestion des relations humaines et de management social de l'entreprise. Il est rattaché directement à la direction générale.

7) la logistique

Responsable logistique

Le responsable logistique, souvent appelé supply chain manager, veille à ce que le transport des marchandises qu'il supervise se fasse dans les meilleures conditions possibles. Objectif numéro un : réduire les stocks, les délais et les coûts.

8) Community manager

Le community manager est chargé de créer et de fédérer une communauté d'internautes autour d'un intérêt commun. Sa mission consiste à développer et à gérer la présence d'une organisation (marque, association, produit, jeu...) sur Internet.

Expert des communautés web, le community manager travaille pour un annonceur, une agence, une entreprise, un site web... Pour le compte d'une marque ou d'une entreprise, c'est lui qui fédère et anime les échanges entre internautes. Pour cela, il utilise principalement les réseaux sociaux (Youtube, Facebook,

Twitter…) et professionnels (Viadeo, LinkedIn, Xing…). Il est en quelque sorte la "version 2.0" du webmaster

9)et pourquoi pas des entrepreneurs …..

Depuis quelques années je constate avec plaisir le renouveau de la fibre entrepreneuriale. A titre d'exemples j'ai eu des nouvelles de quelques créateurs d'entreprises :
Damien, Loulou et Rémy, les trois mousquetaires. Le premier a fait l'Essec, le deuxième du tennis et l'EDHEC, le troisième les soirées de l'ESSEC. Cursus classique dans la finance et vers la trentaine, comme un autre… la révélation. Eux ils sont créateurs d'entreprises et passent à la télévision.
2013/Lancement du premier Escape Game en France. https://www.linkedin.com/vsearch/p?company=HintHunt+Paris&trk= prof-exp-company-name
2014/ lespinces.com, restaurant de homards à l'Américaine
2015/ Création d'auberges de jeunesse Made in France Les Piaules
http://www.wat.tv/video/made-in-paris-louis-kerveillant-703tp_5gkv9_.html

Gauthier (Audencia) et Louis (Essec) les nouveaux Bill Gate .
Leur agence, Effilab est devenu un acteur incontournable du marketing digital avec pour clients des noms prestigieux. En 2015 ils grossissent et rachètent Adsonval avant de se faire eux-mêmes racheter. A suivre

Christophe (essec) serial founder. Il en est à sa cinquième entreprise et cinquième réussite
effiCity est le réseau d'agence immobilière sans vitrine générant le plus fort chiffre d'affaires par consultant indépendant. Avec 270% de croissance ses 3 dernières années, le concept efficace d'effiCity reçoit le soutien d'un actionnaire leader de l'habitat : le groupe Foncia.

effiCity accueille chaque mois de nouveaux consultants, tous désireux d'exercer la profession d'agent immobilier à domicile.

Chapitre 11

La vérité sur les débouchés

Les écoles peuvent être classées à partir des carrières de leurs anciens étudiants

LINKEDIN devrait au cours des prochaines années bouleverser la donne des classements

Le service Formation permet à chacun de trouver la réponse à une question simple: Indiquez-nous ce que vous souhaitez faire, et nous vous montrerons les écoles qui ont formé le plus d'étudiants à cette carrière.

La « méthode LINKEDIN » repose sur un principe simple et non dénué de bon sens.

Bénéficier de gros stock de diplômés peut être perçu comme un avantage en termes de réseaux d'anciens et de notoriété. Venir d'une institution ayant peu de d'anciens actifs pénalise les jeunes diplômés.

Linkedin propose pour les Etas Unis, le Canada et le Royaume Uni son propre classement des écoles de commerce.

Pour aller plus loin il faut corriger les chiffres de LINKEDIN. Cette correction a été effectuée à partir du nombre d'anciens présents sur LINKEDIN. Ainsi les chiffres bruts d'AUDENCIA ont été multipliés par deux après correction, ceux de Neoma amputés de 20%

Je me suis pris à ce petit jeu et l'origine des cadres français réserve quelques surprises

FINANCE GENERAL/COMPTABILITE/MATHS

FIN/BANQUE/GESTION

https://www.linkedin.com/edu/university-finder?facets=G.fr:0,FS.101444,CC.7467,CC.3496831,CC.11305,CC.2221,CC.1044,CC.5126,CC.2525300,CC.1508,CC.1691,CC.1073,CC.157354,CC.2579,FS.101407&trk=nav_responsive_sub_nav_edu_school_finder

1Dauphine

2sorbonne

3NEOMA

4EDHEC

5 KEDGE

6 INSEEC

7 EM LYON

8 SKEMA

9 SCIENCES PO

10 AUDENCIA

Après prise en compte des effectifs de chaque école :

1 AUDENCIA

2 NEOMA

3 EM LYON

4 EDHEC

5KEDGE

6 SKEMA

7 INSEEC

8 GEM

FINANCE/ AUDIT CONSEIL en management EY/DELOITTE/KPMG/PWC/MAZARS….

https://www.linkedin.com/edu/university-finder?facets=G.fr:0,FS.101444,CC.1044,CC.5126,CC.2525300,CC.1073&trk=nav_responsive_sub_nav_edu_school_finder

Les écoles pour cet objectif de carrière,

1/DAUPHINE

2NEOMA

3 KEDGE

4 EDHEC

5 AUDENCIA

6 SORBONNE

7 EM LYON

8 SKEMA

9/GRENOBLE

10TOULOUSE

Après prise en compte des effectifs de chaque école :

1 AUDENCIA

2NEOMA

3EM LYON

4 EDHEC

5KEDGE

6TOULOUSE

7GRENOBLE

8 SKEMA

FINANCE/ SECTEUR BANCAIRE/ SOGE/CREDIT AGRICOLE/AXA….

https://www.linkedin.com/edu/university-finder?facets=G.fr:0,FS.101444,CC.1508,CC.157354,CC.1691,CC.2579,CC.7467,CC.3496831,CC.11305,CC.2221&trk=nav_responsive_sub_nav_edu_school_finder

1DAUPHINE

2SORBONNE

3NEOMA

4 INSEEC

5 ASSAS

6 EM LYON

7 EDHEC

8 SCIENCES PO

9 NANTERRE

10 KEDGE

Après prise en compte des effectifs de chaque école :

1 AUDENCIA

2 EM LYON

3 EDHEC

4 NEOMA

5 SKEMA

6 Toulouse

7 INSEEC

8 KEDGE

MARKETING L'OREAL LA POSTE ORANGE SNCF CHANNEL…

https://www.linkedin.com/edu/university-finder?facets=G.fr:0,FS.101475,CC.1662,CC.1110,CC.166019,CC.164661,CC.1112,CC.162993,CC.1818&trk=nav_responsive_sub_nav_edu_school_finder

1 DAUPHINE

2 NEOMA

3 INSEEC

4 LYON

5KEDGE

6EDHEC

7 SORBONNE

8SCIENCES PO

9 SKEMA

10 CNAM

 Après prise en compte des effectifs de chaque école :

1 Audencia

2Neoma

3 EMlyon

4EDHEC

5 Grenoble

6Toulouse

7Skema

8 kedge

COMMERCE INTERNATIONAL /AIRBUS/L OREAL/RENAULT…

1 SORBONNE

2DAUPHINE

3KEDGE

4SCIENCES PO

5 ASSAS

6NEOMA

7 INSEEC

8/NANTERRE

9/ TOULOUSE

10/ SKEMA

Dans quelles institutions recrutent les entreprises préférées des étudiants ?

http://www.letudiant.fr/jobsstages/nos-conseils/exclusif-palmares-trendence-2015-des-entreprises-preferees-des-etudiants.html

https://www.linkedin.com/edu/university-finder?facets=CC.1662,CC.1073,CC.2734,CC.162993,CC.165145,CC.4242,CC.1818,CC.164788,CC.1441,CC.1038,CC.1508,CC.162479,CC.2525300,CC.1044,CC.3055,CC.459007,CC.2999687,CC.2528,CC.2238,CC.1809,G.fr:0&trk=nav_responsive_sub_nav_edu_school_finder

Les entreprises préférées des étudiants sont les suivantes selon le sondage TRENDANCE d'avril 2015

1	LVMH
2	L'Oréal
3	Google
4	EY (Ernst & Young)
5	BNP Paribas
6	KPMG
7	Danone
7	Commission européenne/EU Careers
9	Canal+
9	Deloitte
11	Apple

12   Air France

12   Nestlé

14   Chanel

15   Total

16   Ubisoft

17   Airbus Group

18   Accor

18   Hermès

18   PwC (Pricewaterhouse Coopers)

Classement brut à partir du nombre d'anciens présents dans ces entreprises

1 Dauphine

2 Sorbonne

3 escp

4Hec

5 essec

6Neoma

7 Kedge

8 Sc po

9 CNAM

10 Edhec

CLASSEMENT APRES correction en fonction du nombre d'inscrits sur Linkedin

1ESCP

2ESSEC

3HEC

4 AUDENCIA

5 NEOMA

6 EDHEC

7EM LYON

8 GRENOBLE

9TOULOUSE

10 SKEMA

CHAPITRE 12

La vérité sur les salaires

Les vrais déterminants des salaires ne sont pas les écoles mais le secteur d'activité

Les diplômés travaillant dans la finance gagneront globalement plus que ceux qui choisissent un autre secteur d'activité même si les commerciaux purs progressent

Le guide des salaires met en évidence ces différences après enquête chez les recruteurs.

http://www.guide-des-salaires.com/

Ingénieur commercial : 31 920 euros

Ingénieur technico-commercial : 27 670 € (- 6 % par rapport à 2014)

Acheteur : 35 260 € (+ 9 %)

Responsable recrutement : 30 310 €

Analyste programmeur / Développeur : 30 630 € (+ 3 %)

Ingénieur réseau : 33 930 € (+ 3 %)

Ingénieur d'études : 36 400 €

Ingénieur système : 37 870 (- 2 %)

Administrateur de bases de données : 32 810 € (+ 21 %)

Chef de produits marketing : 36 230 € (+ 8 %)

Contrôleur de gestion : 34 500 € (+ 4 %)

Chargé de communication : 27 740 €

Juriste d'entreprise : 35 550 €

Travailler à l'étranger et en finance à l'étranger constitue un plus. Surpris par les classements de la presse qui donne des jeunes diplômés de Strasbourg ou de Kedge mieux rémunérés que ce que nous savions pour des Hec ou des Essec , nous avons mené notre propre enquête

D'une école à l'autre les écarts existent mais ils sont plus resserrés qu'on ne le croit à partir du moment où l'on interroge les recruteurs.

LES SALAIRES DES JEUNES DIPLOMES SELON LE CABINET RH AON HEWITT PUBLICATION

http://www.letudiant.fr/etudes/futur-salaire/comparaison-de-formations.html

Formation   Salaire débutant * Salaire expérimenté **

Audencia Nantes 35 937 € 41 545 €

Kedge – Bordeaux 33 726 € 37 251 €

EDHEC 38 043 € 42 376 €

EMLyon 39 432 € 43 556 €

ESC Grenoble 38 36 253 € 40 857 €

ESC Montpellier 32 834 € 37 465 €

ESC Rennes 30 202 € 39 140 €

ESC Toulouse 33 849 € 40 761 €

ESCP Europe 41 331 € 43 380 €

ESSEC Cergy 40 433 € 46 066 €

HEC Jouy-en-Josas 40 085 € 47 096 €

Neoma – Rouen 36 179 € 41 923 €

SKEMA 33 186 € 38 092 €

IESEG 33 524 € 37 251 €

* Salaire de base brut annuel moyen avec une expérience inférieure à 12 mois

** Salaire de base brut annuel moyen avec une expérience comprise entre 25 et 36 mois

Le cabinet AON HEWITT est spécialisé dans ce type d'enquête . Certes l'étude a été réalisée il y a deux ans mais rien n'indique qu'une révolution se soit produite en la matière. Nous retrouvons les indications du cabinet britannique

Premier salaire supérieur à 45000 euros   **et après**

                                                          Deux ou 3 ans d'expérience

Aucune   Hec   ESSEC

Premier salaire supérieur à 40000 euros   après 3ans

HEC ESSEC Escp   ESCP Lyon Edhec Neoma

                                                        Audencia

                                                Grenoble Toulouse

Premier salaire compris entre 35000 et 40000 euros et   **après 3ans**

Lyon, Edhec, Grenoble, Audencia, Neoma   Skema

                                                                  kedge

Premier salaire compris entre 30 et 35000 euros

Skema Kedge…

Nous aurions donc une notoriété de HEC et ESSEC assurant un bonus salarial de 10 à 20% sur un deuxième groupe composé des grandes provinciales. Escp et Em Lyon se trouve en situation intermédiaire. Surprise, le "Neoma bashing" des classements de la presse française est totalement injustifié pour ce qui est des salaires. L'école fait toujours aussi bien que Grenoble, Audencia et Toulouse et elle surclasse Skema.

Cette dernière comme Kedge appartiennent comme la majorité des autres à un troisième groupe avec des rémunérations de 10% inférieures

Le classement Aon a le défaut de ne prendre en compte que les diplômés travaillant en France, il doit être complété. C'est ce que nous permet, toujours auprès des entreprises, emolument. com

Le site emolument.com nous donne une idée de la représentation que se font les recruteurs britanniques des diplômés français employés. L'enquête porte sur plus de 10 000 de nos compatriotes travaillant outre-manche. Ils occupent des fonctions différentes mais le site indique le bonus qu'apporte le diplôme d'une école.

Les diplômés français sont particulièrement recherchés puisque leurs diplômes leur apportent un bonus moyen de 2766£. Les diplômés français de Hec bénéficient d'un bonus supérieur à celui d'Oxford.

Les emplois sont majoritairement dans la finance ce qui révèle l'excellence de certaines écoles

https://www.emolument.com/

Emolument Features 10,858 France Graduates & Alumni SalariesFrane graduates. The average France bonus is £2,766.

The average Oxford University & Said Business School bonus is £4,500.

. The average HEC Paris bonus is £7,477.

. The average ESCP Europe bonus is £4,486.

. The average ESSEC bonus is £3,738.

. The average EDHEC Business School bonus is £3,056

The average EM Lyon bonus is £2,692.

. The average Neoma Business School bonus is £2,243.

. The average Toulouse Business School bonus is £2,000.

. The average Audencia Nantes School of Management bonus is £1,832.

. The average Skema Business School bonus is £1,495

The average Kedge Business School bonus is £1,061.

. The average IESEG bonus is £748.

. The average Grenoble School of Management bonus is £710.

. The average EM Strasbourg bonus is £0.

Les écarts en termes de bonus sont plus importants que ce que n'indiquaient les classements français avec cette fois un vrai gap en faveur des diplômés des parisiennes acceptant de s'expatrier.

Pour ce qui est des salaires moyens l'enquête est moins significative, certaines écoles ayant 700 ou 800 diplômés étudiés, d'autres 100. Nous n'avons pas indiqué ces dernières.

HEC 74500

ESCP 53900

ESSEC 52000

EDHEC 45200

LYON 44800

Grenoble (avec Grenoble graduate) 41900

NEOMA   (avec RMS) 41312

Toulouse 41128

AUDENCIA 37389

IESEG 36432

Skema 35345

Strasbourg 33400

Kedge 33430

La réalité des salaires ne se traduit pas dans les classements publiés dans la presse. Tous pêchent par excès d'optimisme et un écart de 10% est relevé au minimum pour toutes les écoles.

Dans le tableau ci-dessous nous donnons des moyennes annuelles brutes et en Euros .

Dans une première colonne nous donnons la moyenne des études AON et Emolument corrigée de la part d'étudiants débutant à l'étranger. Nous obtenons un ordre de grandeur qui détermine trois groupes d'écoles.

Dans une deuxième colonne nous donnons la moyenne des salaires en France et à l'étranger (pondérée du % de débutants à l'étranger), utilisée dans les classements et en particulier Challenges .

	Aon Emolument	Challenges
GROUPE1		
HEC	.48000	54000
ESSEC	. 43 500	48000
ESCP	. 45000	49000
EDHEC	. 41000	51000
EM LYON	.41000	49000
GROUPE 2		
GRENOBLE	.37500	35000
NEOMA	.37500	39500
AUDENCIA	.36500	39500
TBS	.36000	40500
GROUPE 3		
SKEMA	.33900	39500
Kedge	.33500	42500
Montpellier	.32800	39000
Strasbourg	.33700	43500

Les indications ci-dessus sont souvent confirmées par ce que les sites des écoles indiquent. Il est alors difficile de comprendre pourquoi de tels écarts subsistent avec les informations des classements. Le poids des salaires dans les classements est considérable. Pour le classement Challenges, les surprises s'expliquent entièrement par ces écarts.

Kedge se retrouverait devant l'Edhec, Grenoble, Audencia, Neoma et TBS car les salaires retenus seraient supérieurs à ceux de tous les diplômés de ces écoles, ce que ne confirment pas nos informations.

Montpellier enfonce également toutes les écoles ci-dessus (sauf l'EDHEC) avec des salaires retenus à faire rêver des Hec…. La situation est la même pour Strasbourg

Les classements nous ont beaucoup surpris et les écarts avec les études les plus sérieuses d'avantage encore.

Il est temps d'établir la liste des écoles valeurs sures que les étudiants intègreront sans risque.

Chapitre 13

Les parisiennes ou la mort ?

Intégrer une des trois parisiennes représente pour un étudiant un avantage indéniable. Les moyens mis en œuvre sont considérables et cela se traduit par la possibilité de sortir avec des doubles diplômes traduisant des doubles compétences.

Rappelons que dans la finance, la stratégie celui qui ne sort pas d'une parisienne devra accepter de faire ses preuves à l'étranger . Un ancien résume clairement la situation :

- *« Les grandes banques anglo-saxonnes ne recrutent pour des postes post diplôme que dans les parisiennes. Pour ma part, je n'ai pu rejoindre les rangs de Credit Suisse et de Morgan Stanley qu'après une solide expérience dans une « boutique » spécialisée en fusions-acquisitions*

- *Il y a quelques années j'ai été contacté par un chasseur parisien qui avait un mandat pour une société française de factoring bien connue. Apres 30 minutes à discuter de mon expérience, le chasseur me demande ma formation étudiante. Quand je lui dit « EM Lyon » je l'entends parcourir une liste. Il m'avoue que cette société applique une grille de salaire en fonction de l'école/diplôme. J'avais plus de 10 ans d'expérience professionnelle et ça me paraissait délirant d'être paye quelques milliers d'euros de moins parce que je n'avais pas fait HEC. Ça en disait évidement long sur la « culture » d'entreprise et les perspectives de carrière. La conversation s'est arrêtée là. »*

L'avantage le plus évident concerne les partenariats avec les écoles d'ingénieurs pour les passionnés de la finance. Nous retiendrons le partenariat entre l'X et Hec et celui de Centrale avec l'Essec

Ils peuvent intégrer les mêmes métiers et secteurs que tous les diplômés des deux écoles, ce qui élargit le spectre des opportunités.. Ils se placent dans des domaines valorisant une double culture comme le conseil, la banque. Reconnaissons que seule un petit nombre d'étudiant peut bénéficier de ces formations.

La double compétence   droit- gestion parait plus ouverte , particulièrement à Hec avec Paris 2, et la possibilité d'intégrer le master 2 de fiscalité . Celle de l'Essec , avec Assas sera plus sélective.

Les parisiennes apportent beaucoup à la condition d'y travailler et de profiter des opportunités de l'école . A défaut le bonus n'ira pas très loin.

Il est plus facile d'obtenir un stage dans certains secteurs et plus particulièrement le conseil, la finance de marché et les banques d'affaires. L'apriori favorable dont bénéficie le diplômé des parisiennes ne tient pas tant à la qualité des cours qu'à des données rarement mises en avant par les écoles.

-   Ces écoles sont à Paris ou à proximité de Paris , c'est-à-dire pas très loin de l'offre : la Défense, les quartiers d'affaires ;

-   Les étudiants sont réputés sortir de bonnes CPGE ,le recruteur supposent donc qu'il s'agit de belles machines intellectuelles à fort potentiel et forte capacité de travail. Pour certains métiers, au-delà de l'école, le bac S avec une mention très bien et une bonne CPGE seront des atouts.

-   La sélectivité des écoles est connue : moins de 15% des étudiants inscrits en CPGE intègrent les trois parisiennes.

-   Les réseaux des écoles sont le plus souvent bien structurés (plus pour Hec que pour l'Essec disent les anciens…)

Les trois parisiennes offrent à leurs étudiants des premiers salaires de 20% supérieurs aux diplômés de grandes écoles de province mais les entreprises sont plus exigeantes qu'hier et attendent un « retour sur investissement ».

HEC : notoriété, moyens, doubles compétences

Hec n'aurait pas survécu aux critères des classements de la presse sans les hauts salaires des diplômés et le nombre des anciens figurants au Who's who. Ainsi elle ne serait que 12eme pour la qualité des relations entreprises et l'insertion, loin très loin derrière e Montpellier et Strasbourg (Challenges). De quoi sourire lorsqu'on connait le réseau d'entreprises partenaires et de chaires d'entreprises dont bénéficie l'école. HEC domine et pourtant l'école n'a pas cédé au tropisme des campus multiples. Elle est sans doute celle qui bénéficie de la meilleure notoriété à l'international ce qui n'empêche pas le Figaro de la classer loin derrière l'ESC Rennes, l'ISG et Montpellier...

Qu'importe les critères Hec est bien l'école qui dispose du plus de moyens et de perles rares. Elle a fait le bon choix de diplômer les cadres dans ses   programmes « executives » plutôt que de fausser la lisibilité de son diplôme grande école avec des bachelors.

Il n'y a pas d'apprentissage à Hec ni de campus à l'étranger

La scolarité est gratuite pour les boursiers.

Entre 12 et 15 entreprises incubées par promotion http://www.hec.fr/incubateur-hec/category/les-incubes/

Le réseau compte 45000 anciens il est accessible aux étudiants moyennant 150 euros de cotisation

HEC ET SES PERLES : les doubles compétences

-Obtenir le Master (M1 & M2) en Droit des Affaires de Paris 1 - Panthéon-Sorbonne ainsi que le Diplôme HEC Paris Grande Ecole / Master in Management & Business Law

Permettre aux étudiants de maîtriser les enjeux juridiques et fiscaux des entreprises mais aussi stratégiques et opérationnels

Acquérir une vraie expérience terrain via deux stages, dont un à l'international (ces stages peuvent être effectués pendant une année de césure optionnelle ou à tout autre moment)

Être préparé aux métiers d'avocat d'affaire ou fiscaliste et à postuler à l'école du Barreau (taux de réussite supérieur à 95 % chaque année).

-Le Master Public affairs en langue anglaise avec le m1 à Hec et le m2 dans une université partenaire

HEC PARIS / FREIE UNIVERSITÄT BERLIN

HEC PARIS / MGIMO UNIVERSITY

HEC PARIS / GEORGETOWN UNIVERSITY

CHAIRES ET CENTRES hec

AXA BNP PARIBAS DELOITTE - SOCIETE GENERALE EDF ENGIE HEC Paris Leadership Center Chair Jean Monnet Droit européen et de la régulation du risque KERING Luxury Strategies Observatoire du Private Equity - Buyout Center ORANGE Management de l'Innovation et Globalisation PERNOD RICARD SAFRAN - HEC – SUPAERO Management de Programmes Innovants Social Business, Entreprise et Pauvreté avec le soutien de Danone, Schneider Electric et Renault TOTAL Management de L'Energie WEBHELP Gestion de capital humain et performance de l'entreprise.

ESSEC ET ESCP PEUT ON HESITER ENTRE LES DEUX ?

L'ESCP profite de son implantation au cœur de Paris. L'Essec souffre du syndrome « fort Apache » au cœur de Cergy. L'Escp joue du prestige de ses programmes internationaux mais ses étudiants profitent moins qu'ils ne le pensaient du campus parisien Les Essec finissent par trouver du charme à Fort Apache.

L'effet campus n'est donc pas déterminant.

L'originalité de l'école : elle se fait souvent en 4 voir 5 ans, le passage à Singapour est familier ainsi que les cours à la carte. 18 mois minimum d'expérience professionnelle 9 mois minimum d'expérience académique ou professionnelle à l'étranger

Les vrais atouts de l'Essec, de belles doubles compétences et l'apprentissage :

Ecole Centrale Paris, ENS-Ulm ENSAE ESM Saint-Cyr Ecole du Louvre Droit Prep'ENA avec Paris IX-Dauphine Economie

Chaire   Armand   Peugeot
Chaire   Communication   et   Stratégie   de   Marques
- Havas - Aegis Dentsu - TBWA - France Loisirs - Publicis
                                             Chaire Economie Ubaine
- Conseil Général 95 - Communauté d'agglomération Cergy-Pontoise -
Algoé - Véolia Environnement
 - AG2R La Mondiale - CNP Assurance - COVEA - RTE - Société
Générale - SNCF

                                                       Chaire ESSEC
Santé
- ALK Abello - Sandoz - Smart Pharma Consulting
Chaire ESSEC Finance
                                        Chaire   Grande
Consommation
- Auchan - Carrefour - Danone - FCD - ILEC - Lesieur - Nielsen -
Procter & Gamble - SCA Tissue France - SEB - Unilever
                    Chaire Immobilier et Développement Durable
- BNP Paribas Real Estate - Poste Immo - Foncière des Régions
                                 Chaire Innovation Thérapeutique
Celgene - Roche SAS - GSK Vaccines (Belgium)
Chaire   La   Poste   -   Strategic   Management   of   Services

                                  Chaire   Leadership   &
Diversité

L'Oréal
                                                          Chaire
LVMH
- Groupe LVMH
                              Chaire   Media   &
Entertainment
- Orange - Société Générale - TF1
Chaire   Philanthropie
- BNP Paribas Wealth Management - Fondation de France - Fondation
Caritas - Fondation de Rothschild - Fondation Carasso
Chaire   Strategic   Innovation   and   Services
- La Poste
Chaire Vente et Stratégie Marketing

Michelin - Xerox - Renault - Prisma Media.

Entretien

L'Essec aime bien des candidats affichant lors des entretiens une belle culture générale, la rigueur est appréciée ainsi que l'autonomie. Vous devez parfaitement connaître les avantages du parcours à la carte et les doubles compétences de l'école. Important de montrer la cohérence de votre personnalité avec les parcours finance, droit, Ecole du Louvres ou encore l'intérêt pour le multi campus. Surtout évitez de laisser croire que l'Essec serait un lot de consolation en cas d'échec à HEC. . L'entretien de l'Essec est long, poussé, évitez de tricher, chercher la cohérence

A l'ESCP la spécialisation se fait sur un des quatre campus

Berlin campus International business (allemand) Sustainability (allemand)

London campus Business consulting Creativity marketing management

Madrid campus Direccion internacional de proyectos

Marketing and digital strategy Communication and new media (espagnol) Societal entrepreneurship

Paris campus finance etc…

Les étudiants peuvent acquérir jusqu'à trois diplômes différents :

Allemagne : Master of Science

Grande Bretagne : European MSc in Management

Espagne : Master Dirección de Empresas

France : Master in Management Grande Ecole

Italie : Laurea Magistrale

Le plus intéressant; les vraies doubles compétences

Les étudiants de Master 2 peuvent s'inscrire à :

L'Université Paris-Sud 11 (Sceaux) et obtenir un "Master Professionnel de droit", en choisissant l'une des spécialisations suivantes : "Juriste d'Affaires Franco-anglais" ou "Droit des Produits et Marchés Financiers".

Diplôme d'ingénieur statisticien-économiste à Ecole Nationale de la Statistique et de l'Administration Economique (ENSAE ParisTech)

""Master Recherche Management des Organisations et des Politiques Publiques" à l'Université Paris Ouest Nanterre La Défense, en partenariat avec l'Ecole Polytechnique, l'Ecole des Mines et ESCP Europe.

Les étudiants intégrant le programme en année Pré-Master peuvent s'inscrire à l'Université Pierre et Marie Curie (UPMC - Jussieu) et obtenir une "Licence de Mathématiques".

Chaire "Service public et Performance Managériale Deloitte en partenariat ave

Chaire "Entrepreneuriat"

La Chaire Entrepreneuriat (ChaireEEE)successeurs d'entreprise familiale, repreneurs, autoentrepreneurs, conseillers et/ou managers publics. Avec EY et BNP

Chaire "Gouvernance, Stratégie, Risques et Performance"

KPMG

Chaire "Innovation financière et Transformation"

BNP Paribas CIB

Chaire "Mode et Technologie"

La Chaire "Mode et Technologieavec Lectra

Chaire "Organisations, Leadership et Société" Société Générale

Entretien

L'entretien de l'ESCP est classique, pas de piège. Ne trichez pas mais une bonne connaissance de l'école, de sa dimension internationale s'impose. Evitez d'apparaitre comme un pantouflard, l'adaptabilité et l'ouverture sont privilégiées.

Chapitre 14

Les grandes écoles de province.

EM Lyon EDHEC : les prétendantes

Les deux grandes provinciales sont dans une situation intermédiaire entre les trois parisiennes et le groupe suivant. J'ai toujours déconseillé à des étudiants admis à Lyon ou à l'EDHEC de démissionner pour cuber. Les salaires de départ sont un peu plus faibles et encore … Le conseil en stratégie préfère les parisiennes mais certains cabinets sont présents aux forums de l'EDHEC et de l'EM.

Les deux prétendantes bénéficient d'une image de sélectivité, moins d'un quart des préparationnaires peuvent espérer les intégrer.

L'EM Lyon

Les entretiens à l'EM sont difficiles. Les profils non académiques seront appréciés ainsi que les personnalités atypiques. Les jurys apprécient plus le profil étudiant débrouillard autonome que le fort en thème et le matheux .L'école valorise la logique entrepreneuriale. Attention à ne pas apparaitre comme un consommateur ou un « parisien ». Bonne connaissance de la ville de Lyon, de ses entreprises exigée

Site de mise en relation alumni et étudiants

26565 personnes sont inscrites dans l'annuaire   101 groupes répétoriés

500 000 euros de bourses distribués chaque année

http://www.emlyonforever.com/gene/

 Incubateur : dernières données du site de l'école En 2014 70 entreprises ont été ou sont (26) incubées. Challenges en a trouvé 104

500 000 euros de bourses distribués chaque année

https://emlyonincubateur.wordpress.com/nos-incubes-2/

4 contacts dédiés sur le site pour stage et emploi

L'école n'a pas centré sa stratégie sur l'apprentissage celui-ci n'est d'ailleurs pas présente sur le cycle pour le programme grande école. L'école a cependant organisé une formule originale avec Adecco pour compenser les contraintes de l'apprentissage. 20 étudiants sont concernés

Tout autre est la place de l'apprentissage pour le BBA

https://www.youtube.com/watch?v=Tx0N9ddi9WU

Les doubles compétences de l'em LYON

deux doubles diplômes à doubles compétences, un avec Centrale   Lyon , un autre avec l'Ecole des Mines de Saint Etienne

Chaque année, plus de 100 entreprises et partenaires Emploi sont présents pendant 3 jours sur le Campus d'EMLYON et viennent pour proposer des opportunités de stages, emplois, Graduate Programmes et V.I.E...

Les partenaires EM lyon

JOHNSON & JOHNSON KPMG ....KPMG LUXEMBOURG SARL.............L'ÉTUDIANT ....L'OREAL........LA BANQUEPOSTALE..............LABORATOIREBIODERMA.........LABOR ATOIRES PIERRE FABRE............LAGARDÈRE....................LCI ....LÉON GROSSE............................LEROY MERLIN RHÔNE-ALPES CENTRE............LIDL ....LVMH MOËT HENNESSY LOUIS VUITTON.............MANPOWER ....MAZARS ..MCDONALD'S FRANCE .....MICHELIN

......MONDELEZ INTERNATIONAL......MONSANTO ....NATIXIS .....NESTLÉ FRANCE SAS.......ORESYS...OTIS GROUPE UTC ....PEPSICO FRANCE.....PERNOD SA ......PHILIPS......PROCTER & GAMBLE FRANCE ....PWC ......PWC LUXEMBRB........SAGEMCOM SAS...........SAINT-GOBAIN.........SANOFI ....SEITA IMPERIAL TOBACCO ....SERVICE DU COMMISSARIAT DES ARMÉES ....SFR.........SIA   PARTNERS.....SMALL IZBEAUTIFUL...........SOCIÉTGÉNÉRALE........SOLUCOM........SOLVA Y.....SOMFY SAS......SOPRA CONSULTING.......STUDYRAMA SAS ...SYDO........TF1......TNPCONSULTANTS...TOTAL......UBISOFT...UNI VERSUM ......VINCI FACILITIES VOLKSWAGEN GROUP FRANCE...

Les chaires de l'EM

LA CHAIRE SERVICES PUBLICS – VILLE DE LYON & GRAND LYON

LA CHAIRE CGI LE FUTUR DU MÉTIER DE GROSSISTE

CHAIRE HUTCHINSON «WE MAKE IT POSSIBLE»

Cette chaire conjointe EMLYON – Centrale Lyon a été signée en Juin 2013 avec l'Alliance Science et Business. Son ambition est de construire un partenariat durable entre cette filiale du groupe Total et la plateforme I.D.E.A.« Être pionnier sur les thématiques d'innovation et de design

CHAIRE CIC - COLLABORATION - INTERACTION - CAPITALISATION DES CONTENUS

Le groupe Volvo, représenté par Renault Trucks, a signé le 19 décembre 2011, pour une durée de quatre ans, le premier partenariat de cette chaire dont l'objectif est de revisiter les théories et pratiques du management des connaissances, en focalisant sur trois aspects: la collaboration, la capitalisation des connaissances et l'interaction entre ces deux axes.

CHAIRE ECO-EMBALLAGE SUR LE RECYCLAGE

Signée le 10 février 2012 pour une durée de quatre ans, c'est la première chaire conjointe EMLYON – Centrale Lyon. Elle a pour ambition de former les futurs ingénieurs et professionnels du management aux métiers du recyclage et de l'emballage, de développer les connaissances sur l'économie circulaire et l'économie du recyclage, de soutenir la recherche sur les problématiques du plastique et de sensibiliser les étudiants au geste de tri.

CHAIRE EMLYON - INCUBATEUR - KPMG START UP & HIGH GROWTH

Signée en février 2013 pour une durée de cinq ans, cette chaire a pour ambition de renforcer la dynamique dans le process d'émergence et de développement des start up issues de l'univers scientifique et technologique du territoire.

EDHEC

L'école aime bien les étudiants rigoureux montrant de l'intérêt pour la finance, pour Nice et Londres. Un point fort pour les matheux mais aussi pour ceux qui connaissent bien les doubles compétences comme le droit. Veillez ben à éviter le profil EDHEC= roue de secours après un échec aux parisiennes

Pas de site de mise en relation direct entre anciens et étudiants mais site centralisant les offres

http://careers.edhec.com/students/

Aujourd'hui, l'incubateur de l'EDHEC a accompagné la création de 12 nouvelles entreprises qui ont conduit à la création de 30 emplois. On compte actuellement 50 projets en cours de développement.

L'enquête de Challenges découvre …. 148 entreprises incubées, trois fois plus que la réalité.

http://www.edhec-executive.fr/qui-sommes-nous-/eye-business-incubateur/eye-l-incubateur-du-groupe-edhec-166412.kjsp

il y aurait 20 places par an à Roubaix .En 2014 il y aurait 4 entreprise incubée à Nichttp://www.mon-incubateur.com/site_incubateur/incubateur/eye-edhec-young-entrepreneur-roubaix

http://www.mon-incubateur.com/site_incubateur/incubateur/eye-edhec-young-entrepreneur-roubaix

110 apprentis sont concernés par l'apprentissage chaque année

Après un semestre sur le campus de Lille ou Nice vous rejoindrez l'apprentissage sur un rythme 1 semaine de cours (sur le campus de Paris) / 3 semaines d'entreprise.

http://www.edhec-ge.com/site/Parcours_apprentissage_europeen.html#

LES DOUBLES COMPETENCES de l'EDHEC

Double Diplôme Ecole Centrale de Lille / EDHEC

BUSINESS LAW & MANAGEMENT

Ce programme innovant de 3 ans délivre un double diplôme en Droit des Affaires et en Management. Il combine :un parcours juridique : de la troisième année de Licence de Droit à la deuxième année de Master de Droit des Affaires.et un parcours Management avec les trois années d'études EDHEC délivrant le Master EDHEC et le LLM in Law & Tax Management.

Les partenaires de l'EDHEC

75 entreprises   participent aux forums selon la brochure de l'école, l'Etudiant en trouve…151

ACCENTURE AIR LIQUIDE GROUPE AMAZON AT KEARNEY AXA GROUPE BANK OF AMERICA MERRILL LYNCH BARCLAYS BANK BEARINGPOINT BLACKROCK BNP PARIBAS GROUPE BPCE CAPGEMINI CONSULTING CARREFOUR GROUPE CITI CLUB MEDITERRANEE COMMERZBAN CREDIT AGRICOLE SA CREDIT SUISSE GROUP DAILYMOTION DANONE GROUPE DECATHLO DEEZER DELOITTE GROUPEDEUTSCHE BANK ENTREPRENEURS DU MONDE EUROGROUP CONSULTING EY GAMELOFT GDF SUEZ GOLDMAN SACHS GOOGLE GROUPE EDMOND DE ROTHSCHIL GROUPE SEB HAVAS WORLDWIDE HSBC ICAP JP MORGAN EUROP KPMG SA KURT SALMON France LACTALIS GroupeLAZARD FRERES LEROY MERLIN L'OREAL LVMH MAZARS GROUPE MONDELEZ INTERNATIONALMORGAN STANLEY NESTLE GROUP NIELSEN COMPANY NOMURA INTERNATIONAL PLC ORANGE ORESYS PROCTER AND GAMBLE PSA PEUGEOT CITROEN PWC RECKITT BENCKISER REUNION DES MUSEES NATIONAUX – GRAND PALAIS RICHEMONT ROYAL BANK OF SCOTLAND SAFRAN SA SAINT-GOBAIN SALESFORCE.COM SOCIETE GENERALE SOLUCOM SOPRA STERIA TAJ SOCIETE D'AVOCATS THE BOSTON CONSULTING GROUP UBS AG UNILEVER N.V   75

Les Chaires de l'EDHEC sont particulièrement intéresantes en finance

Leadership et Compétences Managériales

Créée en 2003, la Chaire Leadership et Compétences Managériales est soutenue par Redcats, Auchan, Sage et La Poste.

Management des Risques Criminels

Attentats, contrefaçon, fraude, blanchiment, kidnapping, piraterie ... : l'entreprise est une cible constante des organisations criminelles et terroristes.

CASAM "Core-Satellite and ETF Investment" Research ChairThe Crédit Agricole Structured Asset Management (CASAM) "Core-Satellite and ETF Investment"

Regulation and Institutional Investment

MiFID and Best Execution

The ORTEC Finance "Private Asset-Liability Management" Research Chair

Financial Engineering and Global Alternative Portfolios for Institutional Investors

Asset-Liability Management and Institutional Investment Management

AUDENCIA, GEM, NEOMA, TBS les valeurs sures

Sérieuses, appréciées des recruteurs car leurs diplômés sont moins gourmands que ceux du top 5, les grandes provinciales font souvent les frais des classements et de leurs étranges critères.

Ces écoles sont plébiscitées par la méthode LinkedIn ou les enquêtes recruteurs. Elles recrutent majoritairement des étudiants de CPGE et leurs barres d'admissibilités sont au-dessus de 10. Seule une petite moitié des étudiants candidats peut espérer les intégrer.

**Audencia**

Audencia est comme Neoma malmenée par les classements et c'est tout aussi injuste. L'école, profondément transformé par Aissa Dermouche est toujours aujourd'hui une belle institution

Site de mise en relation alumni étudiant opérationnel bel interface

15000 anciens

http://myaudencianetwork.com/gene/main.php?sizeup

4 consultants carrieres dans l'école

http://myaudencianetwork.com/gene/main.php?base=2465

30 projets sont actuellement incubés, dont 9 projets sur place

http://www.audencia.com/programmes/lincubateur-dentreprises/la-mission/

La Fondation Audencia, depuis le lancement de la campagne a collecté 7,2 M € qui contribuent à la recherche, l'innovation pédagogique, le soutien à l'incubateur et les bourses.

En 2014, 48 bourses ont été attribuées sur 56 demandes formulées, permettant ainsi aux étudiants de réaliser leur projet.

Faiblesse de l'apprentissage seulement 20 étudiants et seulement en troisième année

http://www.audencia.com/entreprises/recruter/apprentissage/

Les doubles compétences d'Audencia

A partir de la deuxième année possibilité de suivre les cours de l3 puis de m1 de l'université de Nantes

Le double diplôme Ingénieur-manager

La voie sciences de l'ingénieur est organisée une journée par semaine dans les locaux de l'Ecole Centrale de Nantes (en face d'Audencia Nantes). Les enseignements sont dispensés par le corps professoral de l'Ecole Centrale de Nantes.

Les modules suivis sont :

Semestre 1. Mathématiques, Mécanique, Thermodynamique

Semestre 2. Mathématiques, Mécanique des fluides, Automatique

Sous réserve d'être validés, ces cours visent à vous donner accès au double diplôme ingénieur ECN + grade master Audencia Nantes.

Pour cette double compétence, vous devrez intégrer à la fin de votre première année l'Ecole Centrale de Nantes pendant une durée de deux ans.

Vous réintégrez ensuite Audencia Nantes dans le cursus anglophone d'une durée de dix hu mois.

La liste des entreprises présentes au forum n'est pas directement accessible sur le site

les chaires d'Audencia Group

Les 6 chaires d'Audencia portent sur des problématiques au croisement des axes de recherche disciplinaires et transversaux d'Audencia Recherche. Conformément à la stratégie de recherche de l'école, soit elles portent directement sur un aspect de la responsabilité sociétale des entreprises ou de l'innovation, soit elles intègrent ces enjeux dans leurs travaux :

Chaire Banques Populaires Comportements et Vulnérabilité Financière

Chaire Innovation et Relation Client

Chaire Responsabilité Sociétale des entreprises

Chaire Entrepreneuriat Familial et Société

Chaire Innovations Managériales

Chaire Secteur culturel : RH & innovations sociales

Entretien

Le jury est le plus souvent sympathique et à l'écoute, il ne cherche pas à piéger. Montrez votre connaissance pour Nantes, les spécificités de l'école. Audencia aiment les candidats cultivés et ceux qui cherchent une double compétence dans le domaine culturel ou le développement durable.

Grenoble

Une école dynamique qui a su se construire une notoriété dans l'économie numérique. Un directeur de programme passionné de culture, de belles réussites. L'école est plutôt bien traitée par les classements, elle sait s'y prendre avec le FT.

26000 anciens un beau site mais rien n'indique s'il est accessible ou non aux étudiants qui ne cotisent pas.

L'école propose pour ses étudiants une cevetheque

Les 36 h du recrutement ont réuni en 2015   75 entreprises nationales et internationales.

http://gem.inviteo.fr/forum2016/

54 entreprises incubées mais seulement 8 dans les murs

http://gementreprendre.fr/fr/incubagem-2/

http://entreprises.grenoble-em.com/app/annuaire-alumni-relations

l'apprentissage est possible en troisième année du programme grande école et un contrat de professionnalisation dès la deuxième

À la rentrée 2014, Grenoble EM comptait 231 alternants en 2e année et 329 en 3e année du PGE. Elle aimerait augmenter le nombre de places.

Les doubles compétences de GEM

PARCOURS UNIVERSITAIRES   ils permettent de préparer une licence

Vous suivez le parcours management (parcours classique) en première année + des cours à l'université. Vous complétez vos acquis dans un domaine qui vous passionne tout en acquérant des compétences en management. Ces parcours sont ouverts pour certains sur sélection et vous donnent accès à une Licence

Lettres & Management

Droit & Management

Economie & Management

Histoire & Management

Philosophie & Management

LLCE (Langues Littérature et Civilisation Etrangère) & Management (anglais, allemand ou espagnol)

PARCOURS INGÉNIEUR MANAGER

Développé avec l'EISTI à Cergy Pontoise, école d'ingénieur spécialisée dans le génie mathématique et le génie informatique, ce parcours en 4 ans permet l'obtention d'un double-diplôme ingénieur-manager.

Vous démarrez ce parcours dès la 1ère année du Programme Grande Ecole et passez deux ans à Grenoble Ecole de Management et deux ans à l'EISTI avec des spécialisations orientées finance et mathématiques financières.

Parcours ouvert aux étudiants issus de classes prépas HEC, ECS, scientifiques et aux diplômés d'une Licence de Mathématiques

En 3eme année : Télécom Bretagne en filière Ingénierie des Services et des Affaires : possibilité d'obtenir un double diplôme ingénieur-manager

entreprises présentes au forum

AUCHAN Saint-Gobain ORESYS Hewlett Packard Enterprise Schneider Electric SOLOCAL GROUP TOTAL MICROSOFT FRANCE Mars France PANZANI GROUPE CREDIT AGRICOLE Bouygues Telecom DASSAULT SYSTEMES GROUPE SEB Amazon NIKE AKKA TECHNOLOGIES GOOGLE GROUPE ROCHE Keyrus AB InBev SAP France SOMFY SAS ADECCO GROUPE France AMADEUS Adidas France CAPGEMINI GROUPE VOLVO RENAULT TRUCKS Nissan International SA. HILTI Leroy Merlin Rhône-Alpes Dentsu Aegis Network Service du commissariat des armées Salesforce GROUPE CASINO Lucca KRONENBOURG GROUPE GO SPORT LIDL EXTIA mc²i Groupe GROUPE NUMERICABLE-SFR BTO SRL HAYS Danone BANQUE POPULAIRE DES ALPES EULER HERMES AccorHotels SAUPIQUET LABORATOIRES PIERRE FABRE HSBC ATOS ATOS Ubisoft BLOOMBERG TJX Europe / TK Maxx Solucom CARREFOUR Johnson&Johnson EDF GENERAL ELECTRIC LA BANQUE POSTALE Decathlon Henkel France EDMOND DE ROTHSCHILD Société Générale CGI L'OREAL MICHELIN

CHAIRE DIGITAL NATIVES

UN PARTENARIAT ORANGE ET GRENOBLE ECOLE DE MANAGEMENT .La Chaire Orange - Grenoble Ecole de Management "Digital Natives" est une Chaire d'enseignement et de recherche.

Elle a pour vocation d'aider à construire l'Ecole de Management de l'économie numérique, et d'accompagner la transformation numérique des entreprises en intégrant les nouveaux comportements des jeunes générations.

UNE CHAIRE DÉDIÉE AUX SERIOUS GAMES

Entretien

Les modalités de l'entretien sont originales mais il importe de faire passer votre bonne connaissance de l'école, de son dynamisme. Les passionnés d'économe digitales doivent le faire savoir. Bonne cohérence entre votre personnalité et les doubles compétences proposées par l'école

Neoma

Neoma est née du mariage de Reims et de Rouen, deux écoles immuables du top 10.

La nouvelle école semble jouer le rôle de souffre-douleur des classements. Le Figaro la déclasse en oubliant deux de ses trois accréditations et lui donne le même nombre de points que des écoles ayant une seule accréditation. Challenges ou l'Etudiant ne valorisent pas ses points forts : la finance, le CFA, le DSCG en interne, la puissance du réseau d'anciens. L'Etudiant se mélange les pinceaux pour les entreprises présentes aux forums et ne valorise pas un des meilleurs carnets d'adresses En dehors d'erreurs manifestes pas la moindre donnée objective pour expliquer un recul dans les classements.

Seul le Financial Times fait preuve de plus d'impartialité.

Les recruteurs sont fidèles à Neoma et la proximité de Paris n'est pas le moindre des atouts .L'école a même un site sur Paris. Un réseau d'entreprises partenaires comparable à celui de l'Edhec ou de Lyon.

Site de mise en relation des alumni et accessible gratuitement à tous les étudiants depuis 2015

http://www.neoma-alumni.com/

56000 anciens des dizaines de tribus locales ou d'entreprises

Fondation Neoma 74 bourses d'excellence en 2015

30 entreprises actuellement incubées et 79 pré- projets

Les doubles compétences de Neoma

Elles interviennent en fin de cursus et ressemblent plus à des spécialisations pour ce qui est du DD avec l'Université de Rouen (sport). Il y a un master spécialisé avec Centrale Paris

La fusion a abouti à une transformation du cursus. A Reims l'école disposait de plusieurs doubles diplômes conduisant à la licence en droit, histoire, philosophie. Ces doubles compétences sont en cours de reconstruction sur le modèle Audencia (à partir de la deuxième année)

NEOMA Business School propose au total de ses deux campus 490 places en apprentissage.

http://www.neoma-bs.fr/thematiques/formations/graduate-school/programme-grande-ecole/apprentissage

L'apprentissage au sein du Programme Grande Ecole de NEOMA Business School est proposé en 1 an (dernière année du cycle Master) ou en deux ans (totalité du cycle Master)

96 entreprises partenaires participent aux forums de recrutement

http://www.fondation-neoma-bs.fr/sites/drupal.fondation_neomabs/files/zoomdelafondation_avril_2015_v7.pdf

ACCOR ALTEN ARCELORMITTAL ATOS AUCHAN Luxembourg BACARDI – MARTINI BALENCIAGA BMW GROUP BNP PARIBAS BOUYGUES CONSTRUCTION BRASSERIES KRONENBOURG CAISSE D'EPARGNE LORRAINE CHAMPAGNE ARDENN CANON FRANCE SAS CARREFOUR MARKET CHAMPAGNE LAURENT-PERRIER CHAMPAGNES PIPER HEIDSIECK ET CHARLES HEIDSIECK CIC EST CIC NORD OUEST COLRUYT France COMEXPOSIUM CREDIT AGRICOLE GROUP CREDIT DU NORD DANONE DELOITTE France DENTSU AEGIS NETWORK DOGFINANCE EDMOND DE ROTHSCHILD EULER HERMES EY FERRERO France GALEC / E. LECLERC GENERALI France GIVENCHY COUTURE GRANT THORNTON GROUPE BEL GROUPE BPCE GROUPE CASINO GROUPE CHEQUE DEJEUNER GROUPE ETAM GROUPE

INVIVO GROUPE LACTALIS GROUPE ROCHER GROUPE SOPARIND BONGRAIN GSK GLAXOSMITHKLINE SANTE GRAND PUBLIC HENKEL France HP France IKEA JOHNSON & JOHNSON KPMG France KPMG Luxembourg L'ETUDIANT L'OREAL LA BANQUE POSTALE LCLLEROY MERLIN LIDL LOUIS DREYFUS COMMODITIES MANPOWER France MARS FRANCEMAZARS METROPOLE TELEVISION - M6 MHCS - Dom Pérignon, Krug, Mercier, Moët & Chandon, Ruinart, Veuve Clicquot MICROSOFT FranceNATIXIS NESTLE France NIELSEN NUTRIXO - GRANDS MOULINS DE PARISOTIS PEPSICO FRANCEPRISMA MEDIA PSA PEUGEOT CITROEN PWC France PWC Luxembourg RSM PARIS SAINT-GOBAINSERVICE DU COMMISSARIAT DES ARMEES SFR SIXT SMALL IZ BEAUTIFUL SOCIETE GENERALE SOLUCOM SOPRA CONSULTING SPB STOKOMANI STUDYRAMA TNS SOFRESUNILEVER France VENTE-PRIVEE.COMVRANKEN-POMMERY MONOPOLE

96 entreprises participent aux forums y compris des banques d'affaires

Les Chaires de NEOMA Business School :

http://www.neoma-bs.fr/profils/professionnels-et-entreprises/recherche-chaires?view=chaire

Chaire de Bioéconomie Industrielle Elle fait partie d'un ensemble intégré de la chaine de connaissance et de la valorisation économique des nouvelles technologies : une suite de chaires couvrant la recherche appliquée (Chaire AgroParisTech), les procédés et l'ingénierie (Chaire de l'Ecole Centrale) se complètent et interagissent ; une liaison étroite avec une grappe industrielle (site de Reims-Pomacle avec des démonstrateurs, la création d'entreprises, le soutien des collectivités territoriales) constitue un ensemble très original et presque unique en Europe.

Chaire Business Model & Innovation Entrepreneuriale

Chaire Economie Sociale et Solidaire

Chaire Nouvelles Carrières

Smart Product and Consumption

institut.neoma-bs.fr/spoc/

Plus spécifiquement, le centre de recherche se focalise sur deux axes: le design sensoriel des produits intelligents, et l'appropriation des produits intelligents par les utilisateurs. Les résultats des recherches et le matériel utilisé pour la recherche sont utilisés pour enrichir l'enseignement dans plusieurs cours (marketing des produits high-tech, marketing et design, marketing de l'innovation). Cette approche a été dupliquée en formation continue (IBM, Econocom, e-mba). Plusieurs entreprises impliquées dans le développement de produits intelligents ont été associées à l'enseignement (Ubisoft, Aldebaran, Microsoft, Adobe, Cisco, HTC, SFR, Renault).

MOBIS a affirmé sa présence auprès des acteurs de la chaîne logistique globale au niveau régional (les ports du Havre, de Rouen, de Paris, etc.), grâce à une approche innovante et durable mobilisant la socio-économie des transports et de la logistique.

Entretien

Le jury est à l'écoute, il appréciera une bonne connaissance de Rouen et de Reims. L'école n'ignore pas que la proximité de Paris est un atout pour les stages et les emplois, c'est la seule école de province dans laquelle vous pourrez évoquer le concept de « quatrième école de la région parisienne ». Evitez de laisser croire que vous venez passer un entretien d'entrainement. N'oubliez pas d'évoquer votre intérêt pour la finance si c'est le cas, pour les métiers du Champagne. A Rouen n'oubliez pas la logistique.

<u>Toulouse bs</u>

La vieille rivale de Bordeaux a trouvé sa place dans le top 10

30 000 anciens

Sur le site http://www.tbs-alumni.com, les profils de chaque alumni ET étudiants sont la base des relations entre membres ; ces profils sont mis à jour tous les jours, par les personnes elles-mêmes, par des bénévoles, des étudiants chargés de mission, par les permanentes....

Pour y accéder les étudiants semblent devoir cotiser

La fondation distribue des bourses (pour 800 000 Euros en 2008)

59 étudiants étaient concernés par la filière apprentissage en 2012/2014 pour le programme grande école mais ils sont bien plus nombreux si l'on compte d'autres formations gérées par l'école comme le DCG

http://www.tbseducation.fr/sites/default/files/upload/stockfile/commun/cfa/2012/modalites_apprentissage_esc_2012-2014.pdf

12 entreprises sont actuellement incubées et 4 pré incubées

http://incubateurgesct.blogspot.fr/p/projets-incubes.html

Les doubles compétences de TBS

Double parcours à l'INSA (Institut National des Sciences Appliquées)

Pendant votre année de Licence 3 à TBS, vous suivez, grace à un emploi du temps aménagé, les cours de L3 du département Histoire de l'Université de Lettres et Sciences Humaines de Toulouse et vous validez, au terme d'une année de cours, une licence d'Histoire de l'Université. Une opportunité unique de partager les enseignements et les méthodes de travail des ingénieurs, en effectuant la dernière année de TBS (M2) de l'INSA

Entreprises participant au forum

http://fr.calameo.com/read/00182179723d1004ffb60

AB Inbev • AC Nielsen • Accenture • Accor • Airbus • Air France • Amazonia • ARVALATOS CONSULTING • ATR • Banque de France • Barilla France • BCG • BiscuitsPoult • BNP Paribas • BONNE ASSURANCE • Brasseries Kronenbourg • CampusChannel • Carrières • C.F.E.E. (Compagnie Française d'Etudes et d'Entreprises) •CAPGEMINI • Carrefour Market • Catalina marketing • CERFRANCE Midi-Pyrénées CGI • Chausson Matériaux • CHIESI SA • CIRFA • Citya Immobilier • CNES • CocaCola CONFORAMA • CONSORT NT • Continental Automotive France •Corinne Cabanes & Associés • Crédit Agricole Groupe • Cultura • Décathlon •DELOITTE • Devoteam Consulting • ENERJIA • ERDF • Es-Tête • Euler Hermes FranceEXCO • Expert • EY • Finaxys • Fleury Michon • France Défi • Freescale Semiconducteurs Fromarsac • FullSIX Group • GRANT THORNTON • GrDF Groupama • Groupe Atlantic • GROUPE CASINO • Groupe Lactalis • Groupe La Poste GROUPE PARFUMS BERDOUES • Groupe Yves Rocher • Halifax Consulting • HILTI • HSBC France • IAS-GIFAS • IBM France • Kienbau• KPMG • La Banque Postale • Laboratoires Pierre Fabre • La Dépêche du Midi •ASELEC SA • Latécoère • La Voix des Hommes • LCL • LENORMANT MANUTENTION Leroy Merlin • LES ESTUDINES DE BRIENNE • L'Etudiant • LIDL • Liebherr Aerospac Logica • L'Oréal • Marine Nationale • MARS MAZARS •Mediameeting • MEDICA Mondelez • Nataïs Pop Corn • Natixis • Nestlé • Nutrition et Santé • Page PersonnelPepsiCO France • Point P • Pro à Pro Distribution • PRIMEXIS • Prisma Média PwC • Raynal & Roquelaure • Regain Perform • Rexel France • Rockwell Collins RSM FRANCE • Sage • Saint-Gobain • SEAC • Seb • SFR • Société Générale • Soluco SOPRA GROUP • Soytouch SARL • Spring • STERIA • St-Hubert • Studyrama •SYGNATURES SA • Thalès Avionics • Turbomeca • Unilever • Unis-Cité • UNITAGVéolia • VINCI Energies Franc

Les chaires de TBS

Chaire SIRIUS - Droit et Management des activités du secteur spatial

Chaire Aeronautics Management

En collaboration avec Airbus et l'Indian Institute of Management de Bangalore, Toulouse Business School contribue à former les futurs leaders de l'industrie aéronautique indienne.

Dans ce contexte, Toulouse Business School propose le programme Aerospace MBA / Executive General Management Programme in Aerospace and Aviation Management en Inde, avec le soutien d'Airbus.

La Chaire Aeronautics Management vise à dispenser un enseignement d'excellence et à promouvoir le secteur de l'aéronautique

Entretien

Toulouse est une vraie ville, il faut connaître la région et ses entreprises. Un intérêt pour l'aérospatiale sera un plus s'il correspond à la vérité. N'oubliez pas les nombreux parcours de l'école, Bonne connaissances des parcours à l'international.

Conclusion

Derrière le brouillard j'entrevois la solidité de belles institutions.

Difficile de présenter toutes les écoles et certains seront surpris de ne pas trouver certains noms.

Bien des écoles non citées sont de grande qualité mais je conseillerai aux étudiants de leur préférer s'ils sont admis celles de la liste ci-dessus.

Je ne saurais oublier **Bordeaux,** une école qui m'est chère, une bien belle institution. Je ne comprends pas pourquoi Bem ne s'est pas mariée ave Toulouse. Depuis il y a eu Kedge une communication que j'ai égratignée et surtout une multiplication des campus : Avignon, Bayonne, Bastia, Bordeaux, Marseille, Toulon, Paris, Shanghai, Suzhou Dakar. Attention aux risques de dilution de diplôme grande école.

Skema ne manque pas d'atouts même si j'ai pu critiquer certains choix stratégiques :

Skema propose deux doubles compétences

Parcours Droit Des Affaires - Campus de Lille :

Le parcours Droit des Affaires permet aux élèves du Programme Grande Ecole d'accéder à un Master de l'Université en Droit des Affaires dans le cadre d'un cursus spécifique.

Parcours IEP Aix-en-Provence - en Master 2 :

L'école offre aussi la possibilité aux étudiants de suivre et obtenir un Master 2 en partenariat avec l'IEP d'Aix-en-Provence dans différentes disciplines notamment : Ingénierie politique, Action publique territorialisée, Carrières Publiques, Communication Institutionnelle et journalisme politique

Skema et Kedge figurent parmi les chouchoutes de la presse, ce n'est pas le cas de **l'ICN.**

Cette école a de beaux atouts en particulier sa proximité avec l'école des mines de Nancy. Elle est connue et appréciée des recruteurs.

Pour tenter de légitimer mes choix, je tiens à insister sur des critères objectifs que représentent :

-La méthode LINKEDIN et les carrières des anciens

-Les salaires recruteurs ; les écoles non citées   se situent dans une fourchette plus basse que Gem, Neoma ou Audencia

- Sous-traiter une partie de la formation à l'université ne représente pas à mes yeux un avantage et je préfère des écoles qui assurent complétement la formation dans le domaine de compétence.

- Le recrutement sélectif est important pour les employeurs : En 2015 Audencia, Gem et Neoma sont à plus de 11/20 pour leur barre d'admissibilité, deux à trois points de plus que les autres. Tbs est à 10,5. A l'écrit au moins un candidat sur deux est éliminé. Un recrutement à majorité admission sur CPGE, les écoles du groupe suivant préfèrent les admissions sur titre.

Le modèle français de la grande école a pour socle l'excellence des CPGE et pour prolongement une formation indissociable de l'entreprise. J'ai voulu vous aider à retrouver les qualités de ce modèle et les institutions qui le font vivre. Je ne parle donc que de ce que je connais.

Il existe d'autres modèles, d'autres écoles… Evitons de nous perdre dans le brouillard.

© Editions Vignou 979-10-95-867

Fougeras La Chapelle Aubareil 24290   0763328414

giberpa@yahoo.fr

I SBN-13: 979-1095867067

impression Create space ID 5967461

An Amazon .com Carleston SC USA